ÍCONES DA SOCIEDADE MIDIÁTICA

Da aldeia de McLuhan ao planeta de Bill Gates

José Marques de Melo e Raquel Paiva
organizadores

ÍCONES DA SOCIEDADE MIDIÁTICA

Da aldeia de McLuhan ao planeta de Bill Gates

VERA GIANGRANDE – LÍGIA AVERBUCK – FRANCISCO MOREL – FREITAS NOBRE

30 anos
INTERCOM
SOCIEDADE BRASILEIRA DE ESTUDOS INTERDISCIPLINARES DA COMUNICAÇÃO
Mauad X

Direitos desta edição reservados à
MAUAD Editora Ltda.
Rua Joaquim Silva, 98, 5º andar
Lapa — Rio de Janeiro — RJ — CEP: 20241-110
Tel.: (21) 3479.7422 — Fax: (21) 3479.7400
www.mauad.com.br

INTERCOM
Sociedade Brasileira de Estudos Interdisciplinares da Comunicação

Av. Prof. Lúcio Martins Rodrigues, 443 - Travessa 4 - Bloco 9 - sala 2
Cidade Universitária 05508-900 - São Paulo - SP - Brasil
Telefone/fax: (11) 3091-4088
Web: http://www.intercom.org.br
E-mail: intercom@usp.br

Projeto Gráfico:
Núcleo de Arte/Mauad Editora

CIP-BRASIL. CATALOGAÇÃO-NA-FONTE
SINDICATO NACIONAL DOS EDITORES DE LIVROS, RJ.

I22

Ícones da civilização midiática : da aldeia de McLuhan ao planeta de Bill Gates / organizadores José Marques de Melo e Raquel Paiva. - Rio de Janeiro : Mauad X ; São Paulo : INTERCOM, 2007.

Obra comemorativa dos 30 anos da Intercom
Ensaios vencedores dos prêmios instituídos pela Intercom
Inclui bibliografia
ISBN 978-85-7478-216-4

1. Comunicação de massa. 2. Comunicação de massa e tecnologia. 3. Tecnologia e civilização. I. Melo, José Marques de, 1943-. II. Paiva, Raquel, 1960-. III. Sociedade Brasileira de Estudos Interdisciplinares da Comunicação.

07-0925. CDD: 302.23
CDU: 316.77

Sumário

Prefácio

José Marques de Melo
Presidente da Intercom

Desde sua fundação, em 1977, a Sociedade Brasileira de Estudos Interdisciplinares da Comunicação – Intercom – vem estimulando a ascensão de novos talentos. Ao mesmo tempo que legitima o mérito das lideranças reconhecidas pela nossa comunidade, tem valorizado ícones intelectuais que se convertem em paradigmas capazes de nortear os que se iniciam nas atividades universitárias.

Este livro pretende confrontar duas gerações de estudiosos da comunicação que trouxeram contribuições relevantes para o campo acadêmico. A intenção é balizar atitudes coletivas e inspirar agendas investigativas, ao reunir textos representativos da sua produção científica.

De um lado, temos quatro símbolos da geração atuante nos idos tempos da *aldeia McLuhan,* que se projetaram no universo comunicacional brasileiro. Escolhidos como patronos dos prêmios estudantis outorgados anualmente pela Intercom, é natural que suscitem o interesse público.

De outro lado, temos quatro jovens aspirantes a um lugar na vanguarda nacional que transita em direção ao *planeta Bill Gates.* Vencedores dos prêmios instituídos pela Intercom, eles se tornam alvos da curiosidade dos seus pares, desejosos de saber que tipo de contribuição estão oferecendo às ciências da comunicação.

Para melhor entendimento do contexto em que tais ícones foram projetados na cena brasileira, vale a pena registrar o itinerário da premiação.

A idéia de criar incentivos para reconhecer o mérito dos talentos promissores dentre as novas gerações de pesquisadores da comunicação foi da professora Margarida Kunsch. Durante sua primeira gestão na Presidência da Intercom (1987-1989), ela propôs a criação de um prêmio anual destinado a incentivar os estudantes da área.

Até 2005, a outorga dos prêmios se fez mediante concursos que dependiam do voluntarismo dos interessados, criando um clima propício de disputa entre egos competitivos, razão pela qual os participantes potenciais menos aguerridos se excluíam automaticamente.

Na tentativa de ampliar a participação dos estudantes de comunicação no Congresso Brasileiro de Ciências da Comunicação, valorizando a presença intelectual das novas vocações para a pesquisa, a concessão dos Prêmios Intercom passou a ser feita de modo indireto. A partir de 2006 tem incluído todos os estudantes cujos trabalhos passam pela avaliação de mérito realizada pelos comitês acadêmicos, conquistando o passaporte para a apresentação aos congressistas.

Assim sendo, a premiação deixou de ser feita durante o congresso, eliminando-se o estresse a que eram submetidos candidatos e julgadores, passando a ocorrer no período pós-congresso. A avaliação da qualidade dos trabalhos estudantis, que passaram previamente pelo crivo unitário dos comitês científicos, nos eventos respectivos, torna-se comparativa. Novos comitês, nacionalmente representativos, são instituídos de forma transparente, com a responsabilidade de classificar as melhores contribuições em cada patamar da vida acadêmica.

São quatro as modalidades de Prêmios destinados a incentivar os pesquisadores em processo de formação intelectual:

PRÊMIO VERA GIANGRANDE – destinado a estudantes de Graduação que apresentem trabalhos na Intercom Júnior – Jornada de Iniciação Científica em Comunicação.

Eminente professora de Relações Públicas, que liderou sua categoria profissional, conquistando reconhecimento no país e no exterior, Vera Giangrande prestou relevantes serviços à Intercom. Graças ao seu apoio foi instituído o Prêmio Pão de Açúcar, responsável pelo florescimento das Jornadas de Iniciação Científica em Comunicação, que nutriram a ascendente Intercom Júnior.

PRÊMIO LÍGIA AVERBUCK – destinado a estudantes de Especialização, que inscrevem trabalhos na Altercom – Jornada de Inovação Científica e Alternativas Comunicacionais.

Pesquisadora de Editoração, Lígia Averbuck presidiu o Instituto Gaúcho do Livro, notabilizando-se pelas Jornadas de Estudos do Livro de Porto Alegre. Sócia da Intercom nos primeiros tempos, ela contribuiu de forma decisiva para fortalecer nossa presença institucional no sul do país.

PRÊMIO FRANCISCO MOREL – destinado a estudantes de Mestrado que tenham apresentado trabalhos nos NPs Intercom – Encontro dos Núcleos de Pesquisa em Ciências da Comunicação.

Professor de Publicidade e Propaganda, Francisco Morel foi sócio-fundador da Intercom, autor do nosso primeiro estatuto. Destacou-se como empresário em sua corporação profissional, tendo exercido forte influência na nova geração dos pesquisadores da área acadêmica. Sua dissertação de Mestrado marcou época, tornando-se emblemática pela articulação teoria-prática.

PRÊMIO FREITAS NOBRE – destinado a estudantes de Doutorado que tenham apresentado trabalhos nos NPs Intercom – Encontro dos Núcleos de Pesquisa em Ciências da Comunicação.

Jornalista, professor e pesquisador do Jornalismo, Freitas Nobre exerceu a Presidência da Fenaj e foi deputado federal, tendo deixado uma obra significativa no campo da legislação de imprensa. Ajudou a Intercom a estreitar seus vínculos internacionais, especialmente com a França. O título de doutor conquistado na Sorbonne foi resultante da tese sobre o direito de resposta na mídia audiovisual, que permanece como paradigma para as gerações da atualidade.

Anualmente, a Diretoria da Intercom nomeia comissões julgadoras para analisar os melhores trabalhos apresentados no congresso nacional por estudantes (Graduação, Especialização, Mestrado e Doutorado). O anúncio dos vencedores se faz durante o Sinacom – Simpósio Nacional de Ciências da Comunicação. A entrega dos certificados aos finalistas é realizada no ano seguinte, durante os Simpósios Regionais correspondentes ao local de residência dos classificados. Culminando o processo, os quatro vencedores recebem diplomas e medalhas durante o congresso nacional. São convidados também para promover oficinas durante o pré-congresso, com a finalidade de divulgar os resultados e as estratégias metodológicas das pesquisas que os conduziram à premiação.

Sistemática da mesma natureza tem sido adotada pela *International Association for Media and Communication Research* – IAMCR, refletindo positivamente a adesão dos estudantes aos seus congressos bienais e criando um clima sadio de emulação intelectual.

Ao contemplar todos os participantes do congresso, previamente avaliados por comitês científicos, o certame adquire mais credibilidade, incluindo talentos que muitas vezes não desejam se expor a um julgamento de tipo competitivo. Da mesma forma, o processo de seleção dos melhores trabalhos pode ser descentralizado, envolvendo preliminarmente comitês de base nos NPs e nos eventos do congresso, ficando a decisão final a cargo de comitês nacionais (rotativos, representativos e isentos).

O novo formato do certame foi testado durante o congresso de Brasília, realizando-se durante o segundo semestre de 2006 a pré-seleção dos melhores trabalhos no âmbito de cada evento que inscreve as produções estudantis. Em seguida, quatro comitês nacionais fizeram a triagem final, classificando os mais relevantes em cada categoria.

A responsabilidade de coordenar os Prêmios Giangrande, Averbuck, Morel e Freitas Nobre foi assumida competentemente pela nossa diretora cultural, Raquel Paiva. Ela formou os comitês avaliadores, a partir de subsídios oferecidos pela Diretoria da Intercom. Mobilizou os seus participantes, conduzindo o julgamento com isenção, imparcialidade, firmeza e clarividência.

Ao homologar os resultados das avaliações de mérito, a Diretoria da Intercom deu um passo além do que havia sido prometido aos vencedores. A decisão de publicar este livro, enfeixando o conjunto dos trabalhos premiados, tem finalidade claramente pedagógica. Aqui estão reproduzidos textos complementares, que dão sentido ao conteúdo principal. São relatos autobiográficos dos autores explícitos, acompanhados de depoimentos dos co-autores implícitos, ou seja, os professores orientadores dos trabalhos vitoriosos.

Em função disso, fez-se também o resgate das histórias de vida dos patronos, adicionando textos conjunturais por eles escritos, com a intenção de iluminar a natureza do seu trabalho intelectual.

Induzindo a um confronto de gerações, os textos aqui divulgados pretendem sinalizar à comunidade acadêmica nacional, mobilizando-a para a superação dos impasses que se eternizam na agenda de nossa sociedade. Passado e presente são peças da engrenagem histórica que devem ser tomadas como indicadores de um mundo melhor, capaz de evitar a repetição das tragédias, ensejando perspectivas edificantes e alentadoras para a humanidade.

São Paulo, 20 de fevereiro de 2007

Apresentação

Raquel Paiva
Diretora Cultural da Intercom

Talvez seja útil, antes de apresentar o processo de implantação dos novos prêmios Intercom, instituídos a partir do ano passado, uma divagação bastante breve sobre o sentido de premiação, para nos acercarmos do seu contexto na nossa específica área da Comunicação. De pronto, a idéia que me surge é a de considerar o prêmio uma mais-valia honrosa.

Vejamos como exemplo o Prêmio Camões de Literatura, concedido anualmente a um escritor, seja do Brasil ou de Portugal, um dos mais importantes do gênero. Monta a 100 mil euros (cerca de 300 mil reais). Pois bem, no ano passado, o escritor angolano Luandino Vieira simplesmente recusou a láurea – e o dinheiro, claro. Alegou motivos de foro íntimo. Repetia, na verdade, um gesto de alguma freqüência na história das premiações. É fato mundialmente conhecido a recusa do Prêmio Nobel, considerado o maior de todos, por Jean-Paul Sartre.

Há algo de inútil nesse tipo de atitude. É que, mesmo recusando-se o dinheiro, o prêmio concedido surte efeitos, porque ele implica tanto valor econômico quanto valor simbólico. O econômico já está, aliás, inscrito na etimologia da palavra: o latim *praemium* inclui, segundo as enciclopédias, os significados de "dinheiro, vantagem, bem, despojos, frutos do combate, isto é, da vitória, recompensa, paga".

Mas a inscrição não quer dizer que tenha sido sempre assim, pois na Antiguidade se alternava a concessão de bens materiais com honrarias. Os prêmios a autores de hinos, odes e tragédias — a que já se referia Homero — podiam ser meras coroas de folhas de louro ou de oliveira. Entretanto, se a coroa era trabalhada em ouro, disfarçadamente aparecia o "dinheiro". Sem falar nos vencedores dos jogos olímpicos, que recebiam uma boa soma de dinheiro e, mesmo, alimentação para o resto da vida. Do século XVII em diante é que prêmio passou a realmente significar dinheiro.

Há, porém, o outro lado a que aludimos, o simbólico. Em que implica este conceito? Como não se trata aqui de dissertação sobre o assunto, deixemos de lado as explicações de Lévi-Strauss ou Lacan, para consultarmos alguém mais próximo do campo comunicacional. O francês Jean Baudrillard, por exemplo. Para ele, o "simbólico" não é sequer um conceito, nem uma instância ou uma categoria, nem uma "estrutura", e sim um ato de troca e uma relação social que resolvem o real, pondo fim à oposição entre real e imaginário. A explicação de Baudrillard é bem mais longa e complexa do que isto, mas vamos guardar apenas esta parte, para acentuar a questão da "troca". Ela tem muito a ver com o prêmio.

É que o merecedor da láurea *doa* algo (a demonstração de uma realização humana admirável) à comunidade e desta recebe uma recompensa, uma honraria. A troca é simbólica porque "resolve" (extermina) as pressões históricas do grupo social referentes a valor de uso de objetos e comportamentos, valor de troca de mercadorias, convenções meramente práticas, etc. O premiado é ao mesmo tempo real e imaginário, ou seja, ele existe objetivamente dentro do grupo, é um ser humano como os outros, mas habita também a esfera do que se imagina, se sonha ou se deseja.

Daí, uma certa ambigüidade inerente a essa troca, uma vez que a dimensão simbólica faz com que o prêmio se situe acima do valor de troca material ou monetário. É algo parecido com o presente, também uma doação simbólica: um automóvel dado como presente equivale simbolicamente a, digamos, um lápis. Com ou sem dinheiro, o prêmio surte os seus efeitos junto à comunidade a que pertence o sujeito do mérito. Daí a mais-valia honrosa!

O campo profissional da comunicação valoriza, e muito, a premiação. Nos Estados Unidos, todo e qualquer jornalista aspira, desde 1918, ao Prêmio Pulitzer, o mais importante da área, criado por disposição testamentária do jornalista Joseph Pulitzer. Trata-se de prêmio em dinheiro e é decidido por um conselho consultivo, a partir de inscrições e indicações recebidas. Há também um prêmio para o jornalismo internacional, instituído em 1939 pela Universidade de Columbia, que consta de dinheiro, gastos de viagem e medalha de ouro. Jornais e jornalistas brasileiros já conquistaram esse prêmio. Alberto Dines, atualmente bastante ativo no Observatório da Imprensa, é um deles.

No Brasil, destaca-se, desde 1955, o Prêmio Esso de Jornalismo, decidido por uma comissão de profissionais. É também um prêmio em dinheiro e costuma ser bastante disputado por repórteres e fotógrafos.

A Intercom é a única sociedade de estudos da comunicação no Brasil a premiar estudantes, professores e pesquisadores. Instituiu os prêmios de Maturidade Acadêmica, Liderança Emergente, Instituição Paradigmática e Melhor Trabalho Acadêmico (estudantil). Não são prêmios em dinheiro, mas a eles concorrem, por inscrição ou indicação, os muitos intelectuais da área. As premiações vêm ajudando, sem sombra de dúvida, a fortalecer como "comunidade do saber" a multiplicidade dos pesquisadores de comunicação no país.

E se esses prêmios já conferiam uma representatividade plena de significação dentro da área, o que se dirá então dos novos prêmios, aqueles que serão conferidos aos alunos de todas as categorias (Graduação, Especialização, Mestrado e Doutorado), desde que inscritos nos eventos do congresso anual? Inicialmente, um incentivo. Mas esta qualificação efetivamente não responde pela representação simbólica que alcança um aluno premiado e, conseqüentemente, seu orientador. Sem sombra de dúvidas, os novos prêmios consolidam uma parceria autoral e fortalecem a filiação identitária do autor. Basta ver o formato do presente livro, em que o orientador apresenta o autor premiado.

Com a publicação deste livro, a Intercom complementa o processo de premiação, faz debutarem no meio acadêmico os autores, conduzidos pelos seus respectivos orientadores. Trata-se de uma premiação coletiva em que todos são homenageados, desde o presidente da entidade, José Marques de Melo, à entidade, por apostar nos futuros pesquisadores, por valorizar o passado e principalmente o presente, em gerir critérios bastante democráticos, como são os dos Novos Prêmios Intercom. Somos homenageados também todos nós que participamos – coordenadores de núcleos e de eventos, membros de comissões julgadoras, enfim, todos os que aceitamos participar do processo e todos os que, em todos estes 30 anos da Intercom, optamos por não seguir aquele específico exemplo de Luandino Vieira ou Jean-Paul Sartre. Afinal, são muito poucos os momentos em que temos o reconhecimento dos pares na nossa área. Vamos aproveitar esta nova oportunidade, apresentando os trabalhos de cada um dos eleitos.

Parte 1

No Apogeu da Sociedade Analógica

1.

Ícones da Aldeia de McLuhan: Giangrande, Averbuck, Morel e Freitas Nobre

José Marques de Melo

Quando apresentou Marshall McLuhan à nossa comunidade acadêmica, em artigo publicado na pioneira revista *Comunicações & Problemas*, vol. 3, n. 8/9 (1968), Luiz Beltrão dizia ironicamente que o professor canadense, mesmo sendo glorificado na América como "filósofo da nova era", continuava um ilustre desconhecido na Europa, além de ser um famoso inédito nas terras que se comunicam através dos idiomas ibéricos.

Mas, logo descoberto pela intelectualidade brasileira, McLuhan rapidamente se converteu em ícone da geração pós-64. Contando com o endosso insuspeito do educador progressista Anísio Teixeira, que prefaciou (1968) e compartilhou a tradução do clássico *A Galáxia de Gutenberg* (Nacional, 1971), bem como o do poeta concretista Décio Pignatari, tradutor do heterodoxo *Os meios de comunicação como extensões do homem* (Cultrix, 1969), foi natural que a sua fama se alastrasse do Oiapoque ao Chuí.

Vivíamos tempos difíceis, estigmatizados pela derrocada do projeto nacional-populista, que nos atrelava ao vagão terceiro-mundista, na ilusão de chegar a um mundo regido pela Nova Ordem da Informação e da Comunicação. Iluminados pela etiqueta que McLuhan sagazmente fabricou para designar o espaço geopolítico antevisto nos estertores da guerra fria, fomos contaminados pela retórica da "aldeia global", almejando ingressar de modo compulsório na ante-sala do primeiro mundo.

Nosso provincianismo atávico, herança do arquipélago cultural em que nos constituímos historicamente, uniu-se ao complexo do colonizado, raiz lusitana do nosso deslumbramento forâneo, e cimentou o fascínio nacional pela aldeia de McLuhan. Afinal de contas, poderíamos ter cidadania global, sem perder os privilégios da província.

Questionando até que ponto o Brasil ingressava na "idade da cultura de massa", o professor José Salomão David Amorim, em ensaio antológico[1], ilustra esse momento através dos signos que expressavam as tendências estéticas da Bienal de São Paulo de 1967.

> A realidade para os artistas pop (...) é a comunicação de massa. A frase da publicidade, a rodovia, a placa de trânsito, os cartazes, os automóveis e veículos espaciais são uma realidade mais importante nas vilas e nas cidades e na vida moderna do que a própria natureza. Se pudéssemos definir o estilo de preocupação predominante em grande parte das obras da Bienal de 67, talvez pudéssemos dizer: a de fazer uma arte de comunicação.

Na prática, esse ambiente gerou a "moda da comunicação" ou a sua espécie exacerbada, a "comunicomania", regida pela mais completa "incomunicação"[2].

> Foi um período de grande movimentação: congressos, seminários, debates, mesas-redondas, entrevistas, reportagens, depoimentos. Olimpianos da comunicação teórica internacio-

---

[1] AMORIM, José Salomão David. Panorama da Cultura de Massa no Brasil. *In*: WRIGHT, Charles. *Comunicação de Massa*. Rio de Janeiro: Bloch, 1968, p. 128.

[2] MARQUES DE MELO, José. *Comunicação/Incomunicação no Brasil*. São Paulo: Loyola, 1976, p. 7.

> nal aqui desfilaram em carne e osso ou em idéias: McLuhan, Schramm, Barthes, Moldes, Eco. Apocalípticos e integrados enfileiraram-se, defendendo emocionalmente seus pontos de vista. Chacrinha foi proclamado comunicador-mor. Macacas de auditório viraram colegas de trabalho. Escolas de comunicação proliferaram.

Toda uma geração intelectual foi incitada a comparecer ao espaço público, no quinqüênio 1964-1978. Mas, logo a seguir, viu-se na contingência de enfrentar os "anos de chumbo"[3]. Sob a égide do AI-5, disseminou-se em todo o país a "sindrome da mordaça".

> No fundo da cena: escalada da censura à imprensa, florescimento da pornochanchada, volta do rock como sucesso radiofônico, integração nacional através da telenovela. (...) Tudo isso, apesar da persuasão panglossiana, manipulada pelas assessorias de RP, que multiplicaram e dinamizaram nos órgãos governamentais de todo o território brasileiro.

Foi nesse cenário conturbado que aqui se forjou a nossa geração McLuhan, refletindo todos os conflitos, contradições e incertezas que estão presentes nas biografias de Vera Giangrande, Lígia Averbuck, Francisco Morel e Freitas Nobre.

Seus caminhos nem sempre estiveram cruzados. Eles correspondem às tendências dominantes na época, ou seja, a polivalência midiática e a diversidade profissional. Os meios de comunicação eram autônomos, mesmo quando compartilhavam idêntico espaço empresarial. As profissões da área eram independentes e, em certo sentido, competitivas.

O único fator que os aproxima é a trajetória desenvolvida em direção ao campo comunicacional. Todos são procedentes de ramificações distintas da árvore do conhecimento. Essa foi, aliás, a característica peculiar à gênese das ciências da comunicação. Os varões – Nobre e

---

[3] MARQUES DE MELO, José. *Comunicação/Incomunicação no Brasil*. São Paulo: Loyola, 1976, p 8.

Morel – são oriundos das Ciências Jurídicas, enquanto as damas partiram de disciplinas contíguas: a Ciência da Informação (Giangrande) e as Ciências da Linguagem (Averbuck).

Do ponto de vista geográfico, confirma-se a tradição bandeirante de acolhida aos adventícios. Dos quatro patronos, apenas um (Giangrande) tem cidadania paulista. Morel e Nobre são nordestinos batizados em Fortaleza, enquanto Averbuck é gaúcha nascida em Pelotas.

Cada um pertence a distinta fecha etária, sendo a maioria do período pré-guerra: Freitas Nobre nasceu em 1921, Francisco Morel em 1927 e Vera Giangrande em 1931. A mais jovem, Lígia Averbuck, veio ao mundo na conjuntura que precedeu o fim da Segunda Guerra Mundial (1940). Todos eles compartilharam as agruras do autoritarismo estanovista, com maior intensidade (Nobre e Morel) ou menor impacto (Giangrande), tendo sido residual a experiência de Averbuck.

Giangrande e Morel atuaram predominantemente no setor privado, experiência igualmente vivenciada por Nobre, cuja incursão pela política partidária o conduziu ao legislativo municipal e federal. Averbuck é a única que pautou sua atividade profissional pela dedicação prioritária ao setor público.

Da mesma forma que migraram de campos profissionais diferenciados, todos eles escolheram distintos nichos comunicacionais para se firmar academicamente. Nobre elege o Jornalismo; Morel, a Publicidade; Giangrande, as Relações Públicas; e Averbuck, a Produção Editorial.

Esse trânsito foi naturalmente precedido pelas conquistas amealhadas no setor profissional.

No território propriamente acadêmico, o que ascendeu ao mais elevado patamar foi Freitas Nobre, que se doutorou em Paris, deixando um acervo bibliográfico considerável. Morel e Averbuck chegaram até o mestrado; a morte inesperada de ambos, no auge da maturidade intelectual, frustrou seus projetos de doutorado, impedindo também a ampliação e consolidação das obras projetadas. Giangrande foi a única que teve poucas chances de se vincular estreitamente ao claustro acadêmico, produzindo ensinamentos e anotando reflexões que lograram seduzir os empresários e profissionais da comunicação mercadológica.

Na arena internacional apenas Nobre e Giangrande conquistaram notoriedade. Publicando em francês na Europa, o primeiro se destacou pela contribuição feita ao direito da informação na sociedade audiovisual. Intervindo em inglês nos congressos mundiais de relações públicas, a segunda projetou o Brasil e difundiu as inovações aqui testadas na gestão dos processos de comunicação de interesse público. Morel e Averbuck orientaram suas ações para o espaço nacional, embora mostrassem plena sintonia com as tendências do conhecimento mundial nos respectivos campos do saber.

Os textos de sua autoria, selecionados para esta coletânea, pretendem simplesmente evidenciar a competência cognitiva de cada um deles, justificando o acerto da Intercom ao elevá-los ao patronato do certame estudantil anualmente realizado.

A obra dispersa de Vera Giangrande contém numerosas evidências da sua maturidade intelectual. Dela pinçamos um mosaico de aguçada percepção que demonstrou sobre a grandeza e a fragilidade das relações públicas. Desta forma, ela desafia os interlocutores para construir projetos duradouros e ousar ações capazes de preservar o interesse público, sem desqualificar as justas demandas dos empresários.

Lígia Averbuck teve dupla atuação como produtora de textos acadêmicos. Sua obra é constituída por textos sistematizadores, pautados pelas convenções universitárias, bem como por escritos circunstanciais, refletindo seu engajamento nos movimentos culturais do tempo em que viveu intensamente. O texto aqui incluído focaliza sua compreensão do tratamento que a televisão deu, política e esteticamente, a uma criação literária do dramaturgo Dias Gomes.

O legado de Francisco Morel está alicerçado em sua práxis ousada e em sua pedagogia inventiva. O único texto acadêmico que escreveu foi a dissertação de mestrado, defendida na ECA-USP. Dela retiramos o capítulo síntese, no qual ele argumenta a propósito da simbiose entre notícia e anúncio na imprensa contemporânea.

Freitas Nobre tem uma produção intelectual consistente e coerente no transcurso da carreira jornalística. Muito jovem publicou obras informativas que valorizam o protagonismo histórico de figuras emblemáticas da imprensa cearense. Na fase da maturidade, privilegiou a exegese da legislação de imprensa, sem minimizar outras interfaces corporativas. Esta coletânea inclui um capítulo da tese de livre-docência defendida quando tramitava no congresso nacional o texto constitucional promulgado em 1988. Discutindo as brechas existentes entre a liberdade de informar e o direito à informação, ele exemplifica com as propostas de emendas constitucionais, entre elas a preservação do instituto da lei de imprensa.

Revisando as temáticas propostas pelos nossos patronos, verificamos que elas reproduzem o caleidoscópio típico da aldeia de McLuhan. Enquanto Giangrande ensina estratégias para encantar clientes e seduzir consumidores, Morel avança o sinal para demonstrar que o jornalismo se aproxima aceleradamente do discurso publicitário, com prejuízo para os leitores qualificados. Numa perspectiva semelhante, Lígia Averbuck analisa o tratamento dado pela televisão ao texto literário de Dias Gomes, denotando perplexidade frente a essa práxis simplificadora. Finalmente, Freitas Nobre defende implicitamente a tese da inexistência de legislação específica para a imprensa. Enquanto sua liberdade deva ser garantida constitucionalmente, o direito dos cidadãos a informar e de ser informados deve ser canalizado para a legislação ordinária já existente, sem necessidade de um estatuto próprio, como é o caso da atual lei de imprensa.

A leitura dessas observações e reflexões certamente conduzirá nossa comunidade acadêmica a perceber as nuances de uma conjuntura trepidante da vida brasileira, simbolizada pela figura polêmica de McLuhan, cujas idéias também valem a pena revisitar comparativamente.

1.1. Vera Giangrande

1.1.1. A Conselheira que Sabia Ouvir

Maria Cristina Gobbi[1]

Vera de Mello Giangrande nasceu no Bairro de Perdizes, em São Paulo, no dia 4 de janeiro de 1931. Em diversos depoimentos disponibilizados na internet, Vera afirma que desde muito cedo aprendeu com seu pai que uma mulher só se torna emancipada quando tem seu próprio dinheiro e com este ideal começou a trabalhar, aos 11 anos de idade, na Biblioteca Infantil Monteiro Lobato, ajudando na classificação de livros. Isso a motivou fazer o curso de Biblioteconomia, aos 16 anos, e, também, despertou nela a paixão pela leitura. Lia aproximadamente "300 livros por ano".

[1] Doutora em Comunicação Social pela Universidade Metodista de São Paulo. Matemática pela Fundação Santo André. Atualmente é diretora suplente da Cátedra Unesco de Comunicação para o Desenvolvimento Regional, avaliadora *ad-doc* do Ministério da Educação - Instituto Nacional de Estudos e Pesquisas Educacionais Anísio Teixeira - Inep/MEC para os cursos de Comunicação Social e avaliadora institucional. Professora do Pós-graduação *Stricto Sensu* da Universidade Presidente Antônio Carlos (Unipac), do *Lato Sensu* em Comunicação da Universidade Metodista de São Paulo, nas disciplinas Metodologia da Pesquisa, Orientação aos Projetos de Conclusão de Curso e Pesquisa Mercadológica. Professora na Graduação das disciplinas Teorias da Comunicação, Metodologia e Pesquisa em Comunicação e Pesquisa de Mercado na Universidade Metodista de São Paulo e, também, de Métodos Quantitativos na Faculdade Editora Nacional – Faenac. Autora de diversos livros e artigos na área da Comunicação.

Essa busca pela independência financeira não parou por aí. Montou um "café" chamado Crema Café, no centro de São Paulo, e posteriormente um restaurante. Nos anos de 1958 foi secretária de Modesto Roma, vice-presidente do Santos Futebol Clube.

Mas, como afirma Volpi (2002, p. 21), "(...) a vida profissional de Vera só começou a deslanchar quando foi apresentada à Comunicação Social". Seus primeiros aportes na área foram respostas às cartas dos leitores em uma revista média e fazendo a parte de revisão. "Tinha aptidão para a escrita", afirmava ela.

Tinha também muita garra e vontade de aprender. Assim, em 1967 assumiu o cargo de gerente de uma multinacional, sendo a primeira mulher na empresa a assumir tal tarefa. Também foi redatora de propaganda das empresas Colgate Palmolive. Daí para a área de Relações Públicas foi um pequeno salto. Quando de sua saída da Colgate, por indicação de um amigo, foi para a J. Walter Thompson. Contava então com 30 anos.

Porém, podemos afirmar que os desafios enfrentados por Vera não pararam por aí. Como é consenso entre os especialistas da área, a história das Relações Públicas e da função *ombudsman*, no Brasil, não pode ser contada sem que o nome de Vera Giangrande seja lembrado.

Em meados de 1960, concluiu os cursos de Jornalismo e Psicologia Social e Infantil. Em 1961, despontou como uma das grandes defensoras pela consolidação da profissão de Relações Públicas no país. Na época, não havia bacharéis na área, mas a Associação Brasileira de Relações Públicas (ABPR), criada em 1954, já impunha critérios rigorosos para aceitar seus 'sócios titulares' (VOLPI, 2002, p. 42) e Vera desempenhou um papel fundamental nesse cenário.

Por seu empenho, clareza de idéias sobre o profissional de Relações Públicas e dedicação, tinha o respeito de todos os colegas de profissão. Como ela mesma afirmava, "o profissional de Relações Públicas deve ter a habilidade para interpretar as mudanças do mercado – classificadas como ameaças ou oportunidades – e para conduzir a empresa de forma a tirar proveito delas, zelando por sua reputação e criando condições de venda[2]".

Superando os vários desafios que o pioneirismo de suas ações causaram, Vera foi gerente da Thompson em 1962 e não pôde ser registrada como tal. Como afirma Volpi (2002), José Kafuri, então vice-presidente da organização, lhe confidencia que tal restrição devia-se "ao fato de não haver mulheres ocupando cargos de comando na agência em todo o mundo até então" (VOLPI, 2002, p. 21-22).

Na década de 1960, Vera apresenta a tese "Relações educacionais em nível universitário como mística de entrosamento aos interesses de governo, trabalho e capital". O trabalho lhe rendeu o prêmio internacional, entregue na 6ª Conferência Interamericana de Relações Públicas, no ano de 1965, em Montevidéu, no Uruguai.

Aos 38 anos de idade, mais precisamente no ano de 1968, tornou-se a primeira mulher no mundo a ocupar o cargo de gerente de Relações Públicas no setor farmacêutico, na empresa norte-americana Squibb, que tinha subsidiárias espalhadas por 48 países. Ela permaneceu na empresa por cinco anos.

No ano de 1975, funda, juntamente com Carlos Eduardo Mestieri, a maior agência nacional de Relações Públicas, a Inform Consultoria de Relações Públicas, que se manteve por 17 anos no mercado, sendo considerada a maior agência nacional de relações públicas, com quarenta funcionários e trinta clientes, e a terceira em atividade no país, na época.

Foram muitas as atividades desenvolvidas e as premiações recebidas por Vera Giangrande. Em 1981, ganhou o Prêmio Opinião Pública, na categoria Eventos Especiais – Iniciativa Privada, entregue pelo Conselho Regional de Profissionais de Relações Públicas – Região de São

---

[2] Heloisa Helena Ribeiro de Castro. Relações Públicas: a arte da possibilidade no papel da mediação. Monografia do curso de Gestão Estratégica em Comunicação Organizacional e Relações Públicas, ECA/USP, sob a orientação da professora Sidnéia Gomes Freitas, defendida em 2005.

Paulo e Paraná (Conrerp – SP/PR). Dois anos depois, foi eleita presidente da entidade. Também presidiu o Conselho Federal de Relações Públicas (Conrep), no triênio 1986/1988; e o Capítulo Brasileiro da Associação Internacional de Relações Públicas (IPRA), nos períodos de 1980 a 1982 e 1989 a 1991. Dentre outras atividades, ocupou a Diretoria da Associação Brasileira de Relações Públicas (ABRP), foi membro-fundadora da Associação Brasileira de Empresas de Relações Públicas (Aberp) e do Sindicato Nacional das Empresas de Comunicação (Sinco).

Por mais de dez anos foi professora de Relações Públicas na Fundação Armando Álvares Penteado (FAAP) e na Escola Superior de Propaganda e Marketing (ESPM). Vencendo preconceitos, foi a primeira profissional brasileira de Relações Públicas a se submeter ao exame da *Public Relations Society of América* (PRSA), da Sociedade Americana de Relações Públicas. Aprovada, recebeu o certificado: somente dois mil profissionais tinham essa distinção.

No ano de 1984, inicia atendimento para a conta da rede de restaurantes *fast food* McDonald's, quando estes tinham somente duas lojas no país (a primeira, inaugurada em 1979, em Copacabana, Rio de Janeiro, e a outra, na Avenida Paulista, em São Paulo). No final de 1992, existiam cerca de cem restaurantes. Também foi Vera a responsável pelo lançamento do "McDia Feliz", em que a renda é destinada a entidades que fazem tratamento de câncer infantil. Foi responsável pelo projeto Memória Vera Cruz (que, na década de 1950, produziu filmes em escala industrial). Graças a este trabalho, o acervo não foi apagado da memória nacional.

Para Dona Vera, como costumava ser chamada, o grande segredo da Comunicação é saber ouvir. "Nós, latinos, somos ótimos em falar, falar, falar, falar. É preciso contrariar um pouco a latinidade e passar a ouvir, ouvir e ouvir. Aí, sim, saberemos atender, porque o grande segredo do atendimento é este: saber ouvir" (GOBBI, RIBEIRO, SANTOS, 2002).

> A meu ver, quem quer conseguir a excelência na comunicação deve, por um lado, ser levemente pirado, um tanto quanto

> neurótico, neurose em pequenas doses é ótimo, é pimenta. Por outro lado, deve estar motivado. Eu diria que a motivação às vezes substitui com vantagem a neurose (Vera Giangrande).

Aos 62 anos de idade, aceitou o desafio de resgatar os clientes do Grupo Pão de Açúcar, tornando-se uma dentre os primeiros *ombudsman* do Brasil. Assumiu o posto no dia 3 maio de 1993, inaugurando uma nova fase desta profissão no Brasil. "A idade é uma vantagem para mim, porque é sinônimo de independência e autoridade".

Dona Vera definia o seu trabalho como o de saber ouvir o cliente, "(...) seja para uma sugestão ou reclamação, registrar esses contatos e tentar solucionar o problema, para satisfazê-lo ou encantá-lo". Para ela, o *ombudsman* não pode e não deve ser reordenado ou treinado. "Só merece castigo quem não quer corrigir o erro, seja fornecedor ou funcionário (...). Mais do que estabelecer um relacionamento com o Cliente, a empresa deve interpretar suas expectativas".

Conhecedora de suas qualidades, Vera Giangrande sempre lutou para a realização de um trabalho sério e profissional.

> Com o risco de me acharem pretensiosa, acho até que passei da idade para isso, mas eu criei um modelo na área de Relações Públicas, todos sabem disso, agora estou criando um modelo na área de *ombudsman*, e aí eu pergunto quantas vezes uma pessoa tem a chance de criar dois modelos bem-sucedidos em sua vida profissional (Vera Giangrande).

Vera faleceu no dia 22 de agosto de 2000, com 69 anos, a caminho do Rio Grande do Sul, onde cumpriria mais uma agenda de palestras. Faleceu dentro do ônibus da companhia aérea, na pista do aeroporto de Congonhas. Jornais do Brasil renderam-lhe as homenagens prestadas pelos amigos.

Dessa grande artífice das Relações Públicas, fica a lição de profissionalismo, responsabilidade, comprometimento e incansável busca pela qualidade. Uma parte importante da história dessa pioneira pode ser consultada no livro editado por Alexandre Volpi, *Na trilha da Excelência.* Uma lição de Relações Públicas e Encantamento do cliente, Editora Negócio, em 2002.

Várias foram as homenagens e os tributos rendidos a esta grande mestre das Relações Públicas. Alguns exemplos são os do professor José Marques de Melo, presidente da Intercom e amigo pessoal de Vera; de Abílio Diniz, presidente do Grupo Pão de Açúcar, e dos funcionários do Grupo Pão de Açúcar.

Tributo do professor Dr. José Marques de Melo, amigo pessoal e fundador da Intercom

Vera Giangrande faleceu emblematicamente na arena de trabalho. Preparava-se para cumprir missão profissional em Porto Alegre, quando um infarto a surpreendeu no aeroporto de São Paulo antes do embarque. Esse seu perfil batalhador, inerente a uma personalidade vibrante e responsável, despertava o interesse da mídia pelas atividades que desempenhava. Ela se convertera numa estrela midiática. Eram freqüentes suas aparições na imprensa, no rádio, na televisão, em anúncios publicitários e outdoors. *Foram muitas Veras e todas eram, verdadeiramente, relações públicas* (José Marques de Melo).

Tributo do Dr. Abílio Diniz, presidente do Grupo Pão de Açúcar

Se havia uma unanimidade na Companhia Brasileira de Distribuição (CBD), era Vera Giangrande. Nós não nos atrevemos a sair em busca de alguém para substituí-la como ombudsman. *Não conseguimos forças para romper essa inércia e quase chegamos a acreditar em pessoas insubstituíveis* (Abílio Diniz).

**Grupo Pão de Açúcar
e de todos os seus funcionários**

A PARTIR DE HOJE, O CÉU VAI SER UM LUGAR MELHOR PARA SE MORAR

Hoje cedo, quando Deus foi abrir a porta do céu, Dona Vera estava lá. Olhando tudo, observando, querendo saber, perguntando e ouvindo todos. E quando alguém lhe disse:

– Mas, Dona Vera, aqui é o Paraíso! –, ela provavelmente respondeu:

– Tudo bem, mas, se der para melhorar, a gente melhora.

E nós que ficamos aqui sem ela, sentimos um vazio, um nó na garganta, uma saudade grande. E só deixamos transparecer nossa tristeza porque Dona Vera não está mais aqui. Senão ela ia dizer:

– Que cara é essa, gente? Vamos pra frente, consumidor não gosta de cara triste, bota um sorriso nesse lábio e vamos fazer melhor.

Tá bom, Dona Vera. A gente vai chorar por dentro e sorrir por fora, mas só vamos fazer isso porque já faz parte da gente sua alegria de encantar a todos e também porque sabemos que as suas idéias nunca vão morrer.

(Dona Vera Giangrande 04/01/31 – 22/08/2000).
(Uma homenagem do Grupo Pão de Açúcar e todos os seus funcionários. Transcrito do Jornal *Folha de S.Paulo*, P. A11, 24/08/2000).

Referências

APCLA. Acervo da Escola Latino-Americana de Comunicação. Disponível na Cátedra Unesco/Metodista de Comunicação, na Universidade Metodista de São Paulo.

Anuário da Intercom de Iniciação Científica em Comunicação Social. Edições 1997, 1998. São Paulo: Intercom.

BARROS, Antonio. *Iniciacom*: trajetória e perspectivas. Iniciacom. São Paulo, vol, nº 1 (2006). INICIACOM – Revista Brasileira de Divulgação Científica em Comunicação. Nº 1 – Fevereiro de 2006. Dossiê (Textos). Apresentação. Material disponível no site: http://revcom2.portcom.intercom.org.br/index.php/iniciacom/article/viewFile/664/856, pesquisado em dezembro de 2006.

CASTRO, Heloisa Helena Ribeiro de. *Relações Públicas*: a arte da possibilidade no papel da mediação. Monografia do curso de Gestão Estratégica em Comunicação Organizacional e Relações Públicas, ECA/USP, sob a orientação da professora Sidnéia Gomes Freitas, defendida em 2005.

DINIZ, Ana Maria. Vera Giangrande uma revolução no Pão de Açúcar. *In*: Revista *Extra*, setembro/ outubro, n. 4, p. 39.

GOBBI, Maria Cristina; RIBEIRO, Aparecida dos; SANTOS, Lana Cristina Nascimento. *Vera Giangrande. Uma História de Encantamento. Paper* apresentado no VI Colóquio Internacional sobre a Escola Latino-Americana de Comunicação – Celacom 2002 e no Mídia em Debate'2002 - II Jornadas Comunicacionais Unesco-Metodista-FAI, ocorrido em Adamantina – São Paulo – Brasil, entre os dias 30 de setembro a 2 de outubro de 2002.

MARQUES DE MELLO, José. O legado emblemático de Vera Giangrande. *In*: *Comunicação & Sociedade* n. 34. São Bernardo do Campo: Umesp, 2000.

VOLPI, Alexandre. *Na trilha da Excelência.* Uma lição de Relações Públicas e Encantamento do cliente. São Paulo: Negócio, 2002.

1.1.2. O Encantamento de Clientes e a Interação com os Públicos [1]

Vera Giangrande

Conceito de Relações Públicas [2]

(1970)

Relações públicas. Para os deslumbrados, duas palavras mágicas que remetem à associação de ambientes sofisticados com a glória da criatividade na solução brilhante e inédita de todos os problemas, com o trato elegante tão-somente de cogitações altamente intelectuais; para os mal-informados, apenas o contato de aproximação de produtor e consumidor, incluindo o "bom bate-papo" e a presença constante em coquetéis; para os bem-informados, uma profissão gratificante, desafiadora, que demanda cultura geral, bom senso, capacidade de observação e atenção, além de sérios conhecimentos de técnica de comunicação e administração.

Origem das Relações Públicas [3]

(1970)

O jornalista Ivy Lee é considerado o "Pai das Relações Públicas". Em 1906, ele se dizia o médico das empresas, pois as julgava atacadas da doença da volúpia do lucro. É célebre a sua declaração sobre a nova

---

[1] O pensamento de Vera Giangrande ficou disperso em apostilas, palestras, capítulos de livros e artigos para jornais e revistas, tendo sido reconstituído por Alexandre Volpi e divulgado no livro *Na trilha da Excelência. Uma lição de Relações Públicas e Encantamento do cliente (Vida de Vera Giangrande)*, São Paulo: Negócio Editorial, 2002. Dele selecionamos os excertos acima reproduzidos, indicando em notas de rodapé o número da página em que foram publicados pelo autor.

[2] p. 69-70

[3] p. 75

política de esclarecimento ao público: "Nosso plano é publicar e divulgar à imprensa e ao público dos Estados Unidos, pronta e exatamente, informações relativas a assuntos com valor e interesse para o público". Era uma reviravolta total na conduta das empresas. Foi Lee quem primeiro utilizou a característica da lealdade para com o público.

Um dos efeitos mais notáveis desse missionário no campo das relações públicas foi conseguir transformar a opinião pública sobre o poderoso empresário John Rockfeller – até então adversa, principalmente devido ao livro de Ida Tarbell –, dando-lhe uma nova imagem, simpática, de ancião bondoso, criativo e amigo das crianças. Daí para a frente, várias empresas, principalmente ferroviárias, passaram a usar a técnica de Lee, instituindo verdadeiros serviços de RP em seus escritórios.

Mistificação da opinião pública[4]

(1980)

O regime militar criou uma fachada legal, que, por algum tempo, anestesiou a opinião da classe média – principal grupo de sustentação de qualquer regime. Nessa época, a opinião pública era mistificada por campanhas e propagandas ufanistas, informações distorcidas e forte censura aos meios de divulgação.

Ao final da década de 70, a situação já se tornava insustentável para a ditadura militar, que se viu levada a prometer o retorno à democracia. ... Os primeiros anos da década de 80 foram férteis no que tivesse forte aceitação popular. Destaca-se, em 1984, a proposta de emenda legislativa, reinstalando o direito de eleições diretas, até mesmo para a escolha do presidente da República.

O governo – o último dos militares – manda proposta ao Congresso para a instalação das eleições diretas em 1988, com um mandato de transição mais curto, com presidente eleito por colégio eleitoral. É contra este pano de fundo que nasce e se desenvolve a campanha pelas "Diretas Já". ... A afirmação de que foi um movimento espontâneo merece algumas observações.

---

[4] p. 102-103

A imprensa, sentindo a oportunidade de ir à revanche contra os longos anos de censura, teve papel fundamental na condução do movimento. Era a vez dos jornalistas, que, em sua maioria, eram simpáticos às bandeiras políticas da esquerda.

Com a volta dos militares à caserna, virou-se uma página da história. ... Conceitos como *lobby*, atuação comunitária e responsabilidade social passaram a ter novamente algum significado no país. ... Mas, se a situação é hoje bem melhor do que aquela registrada há dez anos, ainda está muito aquém do ideal. Apesar de estar trilhando caminhos legalmente democráticos, o governo não apresenta ações voltadas a atender a opinião pública. Tal falta de sensibilidade está conduzindo o país a um novo processo de deterioração política, administrativa, econômica e moral. Faltam lideranças e a autoridade está totalmente desacreditada no país.

Ainda há censura dos poderes político e econômico. Os telejornais, por exemplo, informam mal ou parcialmente. Com freqüência as notícias são cortadas nos pontos que interessam à direção da emissora. Por outro lado, qualquer mistificador pode ir à televisão e alcançar sucesso, seja pelo despreparo atual do brasileiro para analisar a postura do político, seja pelo alto índice de analfabetismo.

A maior autoridade constituída do país continua, como faziam os militares, a embasar suas estratégias de comunicação em noticiários dirigidos e em propaganda. ... Não se fomenta a participação popular e não se busca o esclarecimento profundo. ... Enfim, não se praticam relações públicas.

Contribuição positiva à imagem corporativa[5]

(1980)

Como um relações públicas pode fazer, de uma maneira eficiente, com que a sua contribuição positiva à imagem corporativa realmente apareça, se os seus serviços, tal qual *icebergs*, diluem-se, restando não mais do que um quinto do que realmente representam?

---

[5] p. 97-100

A vitalidade, a convicção e a qualidade profissional de seus esforços são difíceis de ser transmitidos à administração de uma maneira convincente ou mesmo interessante. Mas uma coisa é possível fazer: concentrar relatórios nos aspectos mais visíveis do serviço.

O melhor *approach* seria procurar mostrar, numa auto-análise, o quanto o profissional de RP captou a expectativa da administração com relação ao seu trabalho. Ou seja: como ele preencheu, com eficiência, as suas funções. Ele pode mostrar, por exemplo, como o *staff*, a verba e o material que lhe são fornecidos são realmente adequados; e como é satisfatório e de grande ajuda o grau de cooperação e reconhecimento que a administração empresta a ele próprio e a seus auxiliares.

O RP pode construir o seu programa de maneira mais eficiente, se ele o fizer tendo sempre como ponto de referência os mais predominantes interesses do chefe executivo da sua organização. O RP, naturalmente, também deverá focalizar nos seus relatórios os aspectos que mais interessam aos mais antigos membros do *staff* que rodeiam o executivo, na medida em que eles também participam do empreendimento de relações públicas e da imagem corporativa. Os pontos de vista dos chefes de departamento e dos executivos mais jovens também podem ser de muita ajuda para o homem de relações públicas. Além disso, a atitude de todos esses elementos em relação ao RP e ao seu programa dá um apoio à sua eficiência.

Aqui vão alguns dos fatores mais importantes:

- Terá ele dado a devida importância às tarefas de RP prioritárias do ano anterior? Até que ponto o seu programa de RP correspondeu às exigências e expectativas da companhia?
- Até que ponto ele manteve ou desenvolveu as relações entre a companhia e seus vários públicos (governo, funcionários, acionistas, sindicatos, fornecedores, instituições financeiras, instituições de ensino, meios de comunicação, organizações científicas, associações de comércio, entre outros)? Quais problemas encontrou? Soube lidar com eles? Seus esforços foram bem-sucedidos? O que ele pode apresentar como prova de que obteve êxito?

- As facilidades e mão-de-obra que lhe foram oferecidas para a execução de seu programa foram realmente úteis? Ele soube fazer uso delas de maneira eficiente? São elas adequadas às necessidades do programa? Que esforços foram feitos no sentido de promover ou valorizar o pessoal de relações públicas?
- A verba disponível foi satisfatória? Qual o resultado da comparação desta verba com a dos anos anteriores e com a verba concedida às outras atividades?
- Quais atividades especiais de RP foram desenvolvidas? Houve algum discurso ou escolha de textos especialmente feitos para serem usados pelos executivos? Os serviços dos RP foram requisitados quando da necessidade de se substituírem estes executivos em palestras ou audiências? Houve alguma participação em reuniões de explicação dos aspectos e pontos de vista do departamento de Relações Públicas? Foi pedido algum conselho em assuntos internos da companhia?
- Ele pode apresentar provas de seu trabalho de ligação com os meios de comunicação, como recolhimento de jornais, filmes ou vídeos que dêem publicidade à companhia ou à indústria?

Também importantes no relatório são os intangíveis, que incluem fatores como:

1. O impacto educacional do programa de relações públicas nos funcionários da companhia. Ou seja: até que ponto o programa conseguiu transmitir, de maneira clara, o papel desempenhado por eles em trabalhos desenvolvidos pela empresa e em suas funções industriais?
2. A contribuição do RP para que a companhia esteja bem esclarecida a respeito dos acontecimentos públicos, atitudes e opiniões, na medida em que os acontecimentos podem afetar a companhia e seus funcionários. Até que ponto o profissional de relações públicas soube alertar a administração sobre as oportunidades para a empresa sugeridas em conferências, encontros cívicos e industriais dos quais ele participou.
3. A contribuição do RP ao saber definir e enfatizar interesses cívicos de importância para a maneira de pensar e para a tomada de decisões da companhia.

4. O grau de confiança sentido pela administração no seu relacionamento com o público, relacionamento este ganho graças a um programa de RP que foi eficiente ao alertá-la sobre as grandes mudanças de opinião pública com relação à companhia.

O RP pode fornecer o seu relatório oralmente ou por meio de memorandos, boletins, folhetos das atividades ou relatórios anuais.

De uma maneira geral, o pessoal de RP costuma fazer um serviço bastante ruim ao avaliar e reportar seus programas à administração, e, geralmente, isto se dá simplesmente por não saber como fazê-lo. Muitas vezes, dá-se também porque existe um sentimento de que as funções do RP não estão entre aquelas consideradas importantes pela administração.

A avaliação do programa e o relatório de atividades do RP deverão crescer em extensão e importância. Ao aumentar as complexidades sociais, econômicas e financeiras com relação à administração; ao determinar mudanças na opinião pública e nas expectativas com relação ao papel corporativo na esfera pública, tudo isso acabará por trazer uma maior união entre o executivo e o profissional de relações públicas. O resultado será que se chegará a um programa de avaliação melhor e mais satisfatório.

Táticas bizarras[6]

(1980)

E qual é a situação do Brasil? É, no mínimo, bizarra. De um lado, falamos e agimos como se vivêssemos numa real democracia, e a nova Constituição, apenas nascida, reforça, em alguns de seus aspectos, esse nosso sentimento. Por outro lado, sentimos de forma dolorosa que, nesses vários brasis, as ilhas de desenvolvimento são cada vez mais circundadas por hordas de miseráveis.

A comunicação oficial continua sendo feita pelo porta-voz – figura útil quando da ausência do titular. Ora, a comunicação feita pelo porta-voz não pressupõe a discussão e o diálogo. Não é, portanto, comunica-

---

[6] p. 108

ção. É mera divulgação. E o tom é o mesmo, sempre. Ainda quando vem o titular, fala do alto para baixo, paternalista, sem retorno possível e, na maior parte das vezes, de forma demagógica e mentirosa.

Nunca como hoje, o público interno dos governos – em seus vários níveis: federal, estadual e municipal – foi tratado de modo mais iníquo. Em razão da existência de alguns marajás e de bom número de apaniguados, desmerece-se toda uma classe de traalhadores.

E quanto aos professores? Quando, há mais de vinte anos, os poderes deram início a um processo que desembocou no aviltamento de toda essa classe, no ensino oficial, instalou-se uma verdadeira erosão e deterioração no nível de conhecimento do brasileiro e, por decorrência, de sua competência.

Que mecanismos foram ou são usados para se ouvir e se discutir com esses públicos que acabo de citar? E com todos os outros públicos que não teríamos tempo, neste breve espaço, de analisar? E este governo que aí está, será substituído por quem? E é neste momento que minha perplexidade e minha angústia dão lugar a um pouco de esperança. Esperança de que possamos eleger verdadeiros políticos, homens comprometidos com as estratégias e a ética da verdadeira comunicação e das relações públicas. Homens que não venham nos dizer, à moda atualíssima de alguns políticos, aquilo que eles acham que é melhor para nós. Ou aqueles outros que vêm nos dizer que não querem fazer promessas, pois não são demagogos. Estes o são, ainda mais que os outros.

Bastaria para eles o uso correto – e pode ser até comedido – de algumas técnicas de relações públicas, como fazem empresas bem-sucedidas e de imagem positiva. Por exemplo: um pouco de auditoria de opinião junto a líderes de públicos segmentados em função de interesses que tenham em comum e saberão o que esses vários públicos esperam e necessitam. E aí já poderão formar um juízo do que devem prometer – e, de preferência, cumprir.

A comunicação dirigida, com abertura para retorno, discussão, compreensão, conhecimento e conseqüente formação de opinião, é outra técnica – até fácil – que pode ser aplicada. É desejável ainda que este novo político adote uma postura ética de respeito a si próprio, o que já é garantia de respeito ao semelhante. Assim se dará o início de um novo momento. Bem sei que os problemas brasileiros são inúmeros, complexos e de grande diversidade, mas este novo momento pode ser um patamar sólido para o caminho da reconstrução de nosso país.

Eficiência e Eficácia da Ouvidoria[7]

(1990)

Em que pese o estranhamento e até mesmo o questionamento de muitos quanto à real eficiência e eficácia do instituto do *ombudsman* em empresas, vem o mesmo apresentando bons frutos e resultados, seja no Brasil, seja em outros países.

O questionamento geralmente se coloca no aparente conflito entre lucro, bons resultados e grandes vendas de um lado; e os direitos do consumidor e do funcionário de outro. E é este realmente um conflito apenas e tão somente aparente. ... A empresa precisa – tem o dever de – dar lucro. Lucro para reinvestir... lucro para remunerar o capital que foi nela investido e lucro para inovar e crescer.

No entanto, ... só permanece e é respeitada a empresa que é reconhecida como útil, que é aceita por seus clientes, que é respeitada por sua postura proativa junto à sociedade. Só permanece a empresa que conta com profissionais que se ocupam e preocupam com ela. Que a compreendem e conhecem sua filosofia. Que têm orgulho de prestar seus serviços a ela e transmitem esse orgulho para aqueles com quem convivem.

As empresas sabem disso e as mais inteligentes vêm buscando ouvir, conhecer e auscultar seus públicos, principalmente os dois principais e prioritários: seus clientes internos (funcionários) e externos (consumidores).

As empresas que não se preocupam com os aspectos de reconhecimento e respeito, bem como de participação positiva no tecido social, são desprezíveis, tornam-se um verdadeiro câncer e merecem ser extirpadas. Para os que se iludem, julgando que esta colocação é poética, sugiro que dêem uma olhada nas empresas que desapareceram – não do Brasil – do mundo nos últimos 20 anos.

---

[7] p. 186-187

1.2. Lígia Averbuck

1.2.1. A Prática que Nasceu da Teoria*[1]

Antonio Hohlfeldt*[2]

Lígia Morrone Averbuck nasceu em Pelotas, em 21 de setembro de 1940, e faleceu em Porto Alegre, em 6 de janeiro de 1984, quando cursava o Doutorado em Literatura Brasileira na Universidade de São Paulo (USP). Sua dissertação de Mestrado abordara a obra de Raul Bopp e foi publicada postumamente[3].

Funcionária pública vinculada à Secretaria de Estado da Educação do Rio Grande do Sul, era professora licenciada em Língua e Literatura Portuguesa e Francesa pela Universidade Federal do Rio Grande do Sul (UFRGS), professora de língua e literatura portuguesa do ensino médio do sistema educacional do estado do Rio Grande do Sul, tendo sido indicada por duas vezes para dirigir o Instituto Estadual do Livro, entre 1972 e 1976 e 1978 e 1980.

A maior parte de sua bibliografia está espalhada por jornais, especialmente em seus suplementos literários, como se verifica facilmente do

---

[*] Tradução: Carolina Ferraz.

[1] Trabalho apresentado no V Sinacom – Simpósio Nacional de Ciências da Comunicação, promovido pela Intercom, na Faculdade Paulus de Tecnologia e Comunicação, em São Paulo, entre 11 e 12 de dezembro de 2006.

[2] Professor do PPG em Comunicação Social da Famecos/PUCRS, nas disciplinas de "Teorias da Comunicação" e "Comunicação e Opinião Pública".

[3] AVERBUCK, Lígia Morrone – *Cobra Norato e a revolução caraíba.* Rio de Janeiro: José Olympio/INL, 1985.

verbete inserido em *Quem é quem nas letras rio-grandenses*[4]. Colaboradora do "Caderno de sábado" - suplemento literário do *Correio do Povo – Folha da Tarde* e *Zero Hora*, todos de Porto Alegre, escreveu também nos suplementos literários do *Jornal do Brasil* e *Jornal de Letras* (Rio de Janeiro), *Leia Livros* (São Paulo), revistas *Escrita* (São Paulo), *Ficção* (Rio de Janeiro), *Letras de Hoje* (Porto Alegre) e *Brasil Cultura*, de Buenos Aires. Foi tradutora de *O livro de areia*, de Jorge Luis Borges (Globo, 1977), e organizadora de uma coletânea ainda hoje disponível no mercado, e sempre reeditada, sobre literatura e cultura de massa[5].

Podem-se distinguir dois grandes vértices no trabalho profissional de Lígia Averbuck, ambos ligados a sua vocação de professora: de um lado, o trabalho mais diretamente vinculado à perspectiva pedagógica do ensino da literatura e da redação, do qual nasceram sua participação e reflexão teórica nas comissões de preparação do vestibular da UFRGS e textos como "Técnicas redacionais"[6], "A estrutura do parágrafo e processo de pensamento lógico"[7], "A estrutura da dissertação"[8], "O jornal na sala de aula"[9], "Como organizar um clube de leitura"[10], "Redação"[11] e "A poesia e a escola"[12].

---

[4] FARACO, Sérgio; HICKMANN, Blásio. *Quem é quem nas letras rio-grandenses*. Porto Alegre: Secretaria Municipal de Educação e Cultura, 1983.

[5] AVERBUCK, Lígia Morrone. *Literatura em tempo de cultura de massa*. São Paulo: Nobel, 1984.

[6] DICIONÁRIO BRASILEIRO. Porto Alegre: Globo, 1977.

[7] SILVA, Dinorá Fraga *et alii*. *Expressão verbal e escrita de alunos do primeiro ciclo da Universidade Federal do Rio Grande do Sul*. São Paulo/Porto Alegre: Fundação Carlos Chagas/Universidade Federal do Rio Grande do Sul, 1978.

[8] MARCOLIN, Eliana Holmer *et alii*. *Redação 78*. São Paulo: Fundação Carlos Chagas, 1979.

[9] AVERBUCK, Lígia; PAES, Isolda; MALTZ, Bina; DORNELLES, Maria Izabel. "O jornal na sala de aula" *in Zero Hora*, Porto Alegre, 1980.

[10] AVERBUCK, Lígia; APPEL, Myrna Bier;t SILVEIRA, Rosa Maria Hessel. *Como organizar um clube de leitura*. Porto Alegre: Ministério de Educação e Cultura e Faculdade de Educação da UFRGS, 1980.

[11] LUFT, Celso Pedro. *Manual de português*. Porto Alegre: Globo, 1981.

[12] AGUIAR, Vera Teixeira *et alii*. *Leitura em crise na escola*. Porto Alegre: Mercado Aberto, 1982.

De outro, sua atividade prática no fomento e no incentivo à leitura entre os jovens alunos do sistema escolar do Rio Grande do Sul, notadamente do sistema escolar público estadual, quando à frente do Instituto Estadual do Livro, no qual duas atividades se destacam desde logo: a de editoração – publicando centenas de volumes de autores sul-rio-grandenses, inclusive estreantes, como o mais tarde consagrado Luiz Antonio de Assis Brasil, ou organizando edições paradidáticas que apoiassem professores e leitores em geral na leitura dos autores sul-rio-grandenses, com as séries de fascículos "Letras rio-grandenses", dedicada a escritores já falecidos, e "Autores gaúchos", dirigida aos escritores ainda em plena produtividade. A segunda atividade importante foi a criação e o desenvolvimento de um projeto denominado "O autor presente", pelo qual o Instituto Estadual do Livro organizava e financiava a visita dos escritores gaúchos às escolas da rede pública estadual, onde as turmas de alunos adquiriam, liam e estudavam suas obras e depois debatiam com os autores a literatura então produzida.

Para que se possa avaliar a importância de tais iniciativas de Lígia Averbuck, basta se dizer que, mais de 30 anos passados, os mesmos projetos são mantidos pelo Instituto, gestão após gestão, governo após governo, ainda que com altos e baixos: tanto se têm reeditado os fascículos de "Autores gaúchos", ampliando a série com novos nomes, quanto se reeditado e atualizado aqueles mais antigos. Do mesmo modo, perdura a política de editoração da instituição, que teve, dentre outras tantas direções ativas, Tânia Franco Carvalhal – recentemente falecida, que chegou a publicar a *Revista Sul/Sur* – e Regina Zilberman – que vem de ocupar pela segunda vez a direção do instituto, nos últimos três anos, ampliando significativamente seu programa editorial e criando a revista *Arquipélago*, que já vai para a sua oitava edição.

A repercussão do programa de fomento à leitura dos escritores sul-rio-grandenses entre os jovens escolares foi tão ampla que mesmo aquelas escolas que não conseguem ser selecionadas para receber algum dos escritores definidos pelo Instituto para terem apoio em suas atividades, organizam-se e tomam elas mesmas a iniciativa de tais atividades. Do mesmo modo, algumas editoras, como a WS, do escritor Walmor Santos, criou um departamento específico que promove seus autores junto às escolas, vendendo pacotes de livros, com preços especiais e financiando a visita dos escritores nos diferentes estabelecimentos que venham a adotar aqueles escritores em seus programas de leitura. A própria Câmara Rio-grandense do Livro adotou um programa de promoção semelhante, realizado em todo o primeiro semestre de cada ano, em comemoração ao Dia Internacional do Livro, de modo que se solidificou, no Rio Grande do Sul, o apoio institucional à literatura produzida por autores locais, o que explica, em parte, o consumo superior de livros naquele estado e o conhecimento acima da média que o público sul-rio-grandense tem de seus próprios escritores.

Lígia Morrone Averbuck – com quem trabalhei ao longo de muitos anos, no já mencionado Instituto Estadual do Livro –, embora valorizasse sobremaneira o sistema escolar e erudito de difusão do livro e da leitura, também sempre reconheceu a importância de aproximar o livro do mais largo espectro possível de público. Daí sua presença constante nas resenhas de livros editadas por suplementos literários de nossos jornais, ou sua preocupação com a chamada cultura de massa, de que se originou o livro antes mencionado da editora Nobel.

Aliás, editado em 1984, pouco depois de sua morte, aquele volume traz precioso texto de sua autoria, de que vale a pena relembrar algumas passagens.

Lígia inicia seu artigo reconhecendo

> o papel essencial desempenhado pelos jornais e a conseqüente influência do gosto burguês sobre a produção literária vigente (...) [o que] representou a culminação de um processo iniciado séculos antes, com a invenção da imprensa, no advento da revolução burguesa (p. 3).

Mostra que,

> do ponto de vista dos processos literários, isto implica que a literatura *stricto sensu* se distribua em formas diversas da cultura de massa, irradiando sobre elas uma claridade que é uma espécie de iluminação e limite, recebendo, simultanea-

mente, o influxo dos novos padrões formais oferecidos pela mídia e pelas propostas específicas da arte culta (p. 4).

Para a pesquisadora,

> a literatura (primeira forma absorvida pela cultura de massa), em sua transformação, permanece ainda como o grande foco irradiador, fornecendo a matéria-prima para o roteiro cinematográfico, o enredo da telenovela ou o texto da fotonovela (p. 4),

para acrescentar, em seguida, que "é nela que se apóia também a publicidade, expressão típica da sociedade industrial" (p. 5).

Rejeitando uma hierarquia da literatura, para defendê-la como um sistema único, mesma linha adotada por Regina Zilberman no artigo que abre a série de textos daquela antologia, Lígia Averbuck defende que

> interpretar as relações que essas formas de arte estabelecem entre si [a literatura e as demais artes] significa, também, pensar a sociedade como um todo. É o que se faz ao avaliar o papel assumido pelo autor enquanto produtor de uma arte numa sociedade de consumo, especialmente no que diz respeito à perspectiva assumida pelo escritor, enquanto criador de arte *culta*, diante da realidade da produção de um mídia (ps. 7 e 8).

Seu ensaio termina destacando que,

> na era da sociedade industrial, permeando as diferentes formas de comunicação, é pelo uso da palavra, do olhar traduzido sobre o real, e pela força do imaginário que o autor, enquanto produtor de novas formas, mantém o reduto de sua autonomia (p. 8).

No mesmo volume, a autora tem ainda uma nova participação, mais específica, quanto aborda "A literatura, a televisão, a telenovela" (ps. 177 e ss.). Logo na abertura do artigo, ela ratifica que, "no seio da cultura de massa, as diversas formas de produção artística se alimentam reciprocamente, ao mesmo tempo que se valem do acervo das obras da arte tradicional" (p. 177). Reconhece, ao mesmo tempo, que "enquanto veículo de difusão de produção artística para a massa, a televisão impõe seus meios, códigos e regras, alterando substancialmente a matéria-prima que veicula", advindo desse encontro o que ela vai denominar de *hibridismo cultural* (p. 179), termo que toma de empréstimo a V. Schkolovsky, do qual decorre a perda da *aura artística*, para recordarmos expressão muito cara a Walter Benjamin.

Lígia Averbuck reconhece, com Jürgen Habermas, que, "no domínio muito amplo da cultura de consumo, são as considerações ditadas pela estratégia da venda que determinam não somente a escolha, a difusão, a apresentação e o condicionamento das obras, mas também a sua produção enquanto tal"[13], destacando, em seguida, a importância da fragmentação da narrativa como uma das estratégias mercadológicas que podem interferir na estrutura original da obra de arte literária.

Depois de examinar por alto algumas adaptações literárias realizadas pela televisão, a autora fixa sua atenção especialmente em *Ciranda de pedra*, obra baseada no romance homônimo de Lygia Fagundes Telles. Obra de estréia da escritora paulista, foi lançado em 1954 e adaptado para a televisão em 1981.

Em seu estudo, Lígia Averbuck coteja duas declarações: a da escritora, reconhecendo *dignidade* no trabalho de transposição feito pelo roteirista Teixeira Filho, e uma afirmação do próprio roteirista, que afirma: "Não é uma adaptação, realmente. Tomamos como base o perfil das personagens. Às vezes, a prática obriga a modificar esse perfil, quando não se encontra o ator adequado para a personagem, por exemplo. Mas eu me sinto muito bem, adaptando esse trabalho da Lygia, porque estou fazendo uma obra nova. É uma obra nova" (p. 194).

A partir desse cotejo, Lígia Averbuck avalia a adaptação, reconhecendo que o "televisual recria o mundo do romance plasticamente, compõe personagens, atmosferas, a partir da evocação e da sugestão do

---

[13] HABERMAS, Jürgen. *L´espace public*. Paris: Payot, 1978, p. 173.

texto literário. Neste sentido, a narrativa se sintetiza, as descrições são substituídas pelo visual" (p. 196).

A pesquisadora mostra que houve necessidade de cortes e de criação de novas passagens, capazes de lugares diferentes nos momentos da narrativa. Romance de pouca ação externa, sua adaptação para a televisão apresentou-se problemática desde o primeiro momento. "A exigência de um roteiro que se prolongasse por vários meses (conforme é habitual) levou a um desdobramento do texto do romance numa história em que cenas inteiras foram integralmente criadas, a partir de sugestões de trechos, frases ou palavras" (p. 197).

Lígia Averbuck destaca que "é justamente a questão de seu tratamento para uma finalidade expressa (sua natureza de *produto cultural*) que viria resultar em algumas de suas alterações mais profundas, do ponto de vista da fidelidade à matriz literária" (p. 198), o que ela simplifica na dualidade *densidade x simplificação*, além do deslocamento do ponto de vista, o que equivale a dizer que o próprio ponto de vista sobre o mundo é igualmente deslocado. Assim, ela conclui duplamente pela modificação essencial que a obra de arte literária sofre em sua transposição, reconhecendo, ao mesmo tempo, que "a TV permanece como apelo sedutor ao escritor nacional" (p. 202).

Estudiosa do fenômeno, mas crítica do processo, ela encerra o texto com um desafio: "Para ele [o escritor], na esperança de manifestar sua voz, o roteiro bem realizado, a adaptação inteligente e cuidadosa podem auxiliar a traduzir parte de seu projeto artístico. Mas isto, certamente, não é tudo" (p. 203). Por isso mesmo, conclui lançando, de certo modo, um repto ao escritor que almeja ver seus textos na televisão: "Estas são algumas das limitações impostas ao escritor nestes dias. Contudo, não serão essas limitações instrumentos de que ele se deve valer (e ultrapassar), em sua tarefa de narrar, testemunhar, participar?", com o que deixa a pergunta no ar: não seria o real desafio para o escritor brasileiro e, diga-se de passagem, para todo e qualquer escritor mundial, o fato de, ao ter um texto seu adaptado para a televisão, poder interferir mais diretamente no projeto, buscando aproximá-lo o mais possível de sua própria perspectiva, mesmo que se levando em conta as diferenças entre a linguagem literária e a linguagem televisiva? Podemos, contudo, inverter a questão, para fugir de qualquer maniqueísmo dirigido à televisão: não seria hora de o escritor de ficção literária aprender também a fazer ficção televisiva, ele mesmo, de modo a criar narrativas originais para aquela mídia?

Foi durante sua permanência em São Paulo, para o Mestrado realizado na USP, que surgiu sua proximidade com a Intercom. A colaboração de Lígia Averbuck exemplifica, na prática, uma das ambições e um dos principais objetivos de nossa entidade: a interdisciplinaridade. Lígia Averbuck contribuiu fortemente para o letramento de nossos jovens. Defendeu a aproximação da literatura com as conquistas da sociedade midiática e entendeu, como poucos, a importância que os meios de comunicação possuem para a popularização da arte, especialmente da literatura. Por tudo isso, é importante, neste encontro, que possamos relembrar a presença de Lígia Averbuck em nossa entidade e sua múltipla contribuição para os estudos interdisciplinares da Comunicação.

1.2.2. A Fórmula do Sucesso[1]

Lígia Averbuck

I love Sucupira

A cidade de Sucupira e seus personagens (o prefeito Odorico Paraguaçu, o burocrata Dirceu Borboleta, o bandoleiro Zeca Diabo, as virgens Cajazeira e tantos outros) são um dos mais interessantes êxitos da ficção brasileira em todos os tempos. Nascido como peça de teatro, O Bem Amado *atingiu o auge da popularidade quando seu autor, o consagrado e respeitado Dias Gomes, o transformou em telenovela para a* Rede Globo, *há cerca de dez anos.*

Daí para a frente, O Bem Amado *não parou mais de fazer imenso sucesso. Foi tão grande a identificação entre público e personagens, que a* Globo *resolveu passá-los da novela para a série, episódios semanais que sustentam o prestígio dos profissionais envolvidos no trabalho e suscitam permanente polêmica e admiração entre público e críticos.*

[1] O texto aqui reproduzido foi publicado no *Boletim Intercom n. 37* (São Paulo, maio/junho, 1982, p. 14-16), compondo o Fórum "*I love* Sucupira", compartilhado com Lúcia Araújo, hoje diretora do Canal Futura. Para melhor compreensão dos fatos e da argumentação da autora, torna-se necessário transcrever a formulação proposta pelo editor do periódico, Carlos Eduardo Lins da Silva, iluminando o contexto em que se deu a intervenção de Ligia Averbuck na agora Comunicacional.

Num exemplo típico do inter-relacionamento entre diferentes artes proporcionado pela era dos meios de comunicação de massa, os episódios da série acabaram transformados em livro que em duas semanas esgotou duas edições. Além disso, a televisão passou a ter um papel até então inédito: em vez de (como já fazia eventualmente) promover a venda de literatura, tornou-se em sua própria fonte geradora.

Além disso, O Bem Amado *projetou-se no cenário cultural brasileiro como metáfora política das mais bem-sucedidas, conferindo à televisão um* status *artístico (que muitos ainda se recusam a conferir-lhe) antes só reconhecido na literatura, no teatro e no cinema.*

Neste Fórum de Debates, Lígia Averbuck e Lúcia Araújo contribuirão para o exame mais acurado do sucesso e da significação cultural de O Bem Amado. *Lígia fez uma análise da estrutura do personagem Odorico e seu sucesso e Lúcia examina a mensagem ideológica do primeiro episódio da série em 1982.*

As margens que delimitam o texto literário em seu sentido escrito são, hoje, de tal modo fluidas que um mesmo texto pode se transformar, indefinidamente, de romance em roteiro de cinema, deste em novela de TV ou seriado, voltando a livro, etc. O *mass-media*, interferindo no processo de recepção, interfere no processo de criação.

Neste caso está *O Bem Amado*, texto escrito para o teatro, de que seu autor já extraiu os dois sucessos de público: novela de TV e seriado, várias vezes representados e de interesse não esgotado.

Como num jogo de caixas chinesas, do texto para o teatro surge a novela, que vira seriado, passa a ser parte da memória popular e cujos personagens passam a ser tipos, incorporados à galeria de tipos populares, com existência própria. A força dos meios de comunicação de massa gera uma forma cultural que se explica porque enraizada num coletivo, por sua vez, entranhado de cultura audiovisual.

O processo é complexo demais para uma análise rápida, mas, considerando as relações que a indústria cultural mantém com os produtos que cria, é de supor que, dentro de algum tempo, o ideal de produção será esta espécie de "produto integrado" – texto que deverá permitir a leitura, sendo capaz de virar roteiro de filme, novela de TV simultaneamente. Isso será a realização suprema de um editor moderno, sucesso garantido.

Pode-se questionar aqui – com alguma margem de acerto – se isso não será a manipulação máxima do público, com muito maiores possibilidades de prever e condicionar suas reações. Não se tratará, porém, de refletir – neste momento – sobre este dado, mas levantar alguns elementos deste fenômeno – "sucesso popular" –, uma realidade em algumas produções e não em outras.

Poder-se-ia dizer que na arte de "fabricação de sucessos" existem alguns autores que possuem a "receita certa", enquanto outros não. Ou que uma dose de aleatório entra na dosagem destas receitas. É possível, mas prefiro acreditar que em criações cujo sucesso se transforma em "mania coletiva" – como é o caso de *O Bem Amado,* de Dias Gomes –, o que se processa é, antes, uma fusão de elementos selecionados pelo autor – conscientemente – em equilíbrio para comunicar um conteúdo que corresponde a expectativas reais, claras ou latentes.

Não se trata, portanto, de forjar esquemas narrativos para um suposto gosto de público por certo tipo de enredo ou personagem. Os tipos, personagens e situações postos em cena, nestas obras, são reais, correspondem a uma verdade, propiciando identificações básicas que movem o interesse do espectador-leitor. Isto vale, aliás, para qualquer produção artística que aspire a se comunicar com o público.

No caso de *O Bem Amado*, isto prova ser tanto mais verídico se se pensar que a personagem criada já se incorporou ao acervo das criações ficcionais brasileiras, atingindo um grau de simbolização quase mítica. Embora alterando sucessivamente sua forma (teatro, novela, seriado, livro), a obra manteve inalterada sua substância e seus elementos básicos: a linguagem e a ação projetadas em cima de uma realidade imediata, o humor e o agudo senso crítico exercidos sobre esta realidade e a caracterização de uma personagem-símbolo, que reúne, simultaneamente, aspectos negativos – portanto, passíveis de crítica – e positivos – passíveis de identificação.

Os aspectos devidamente negativos se expressam no próprio tipo escolhido por Dias Gomes, o de político corrupto e ambicioso, manipulador da opinião pública, individualista, carreirista, etc. Odorico Paraguassu é personagem-símbolo, socialmente expressivo, representando o *status quo*. Oriundo de família tradicional, ele usurpa um poder que não lhe foi conferido por sua competência. Não obstante configurar esses aspectos que poderiam fazer dele uma personagem puramente negativa – portanto, rejeitada –, sua atração se dá na medida de sua fraqueza, ou seja, em sua impossibilidade de atingir plenamente seus fins. De origem rural mas com vernizes urbanos. O Paraguassu não consegue se adequar aos novos tempos e seus freqüentes fracassos advêm aí.

Como um Quixote às avessas (já que Odorico é, na verdade, um "vilão"), o fracasso e a inadequação acentuam a comicidade, o ridículo de sua figura, tornando-o menos detestado aos olhos do público, que passa, afinal, a desenvolver por ele uma certa simpatia, transformando-o em *O Bem Amado*. No fundo, o espectador-leitor tem assegurada sua tranqüilidade de que o "bandido" não atingirá seus fins, conforme se verifica a cada episódio, embora isso se realize de maneira ambígua, já que ele se mantém no poder.

As associações da personagem com conhecidas figuras da vida pública nacional são tão evidentes que dispensam maiores comentários. Desde as situações criadas à linguagem utilizada, o jargão político, as formas estereotipadas, tudo expõe à ironia e ao humor cáustico comportamentos que são execrados pelo povo e que, levados à luz, se tornam, pela evidência, claramente rejeitáveis. Ao mesmo tempo, esta personagem, que por seu caráter é tão evidentemente anti-social, sendo exposta freqüentemente aos insucessos que sua inabilidade lhe traz, resulta numa fonte de compensação por parte do público, que dela se vinga de certa forma.

Ao contrário do que ocorre na realidade, o "vilão" acaba tendo que ceder diante das situações que a comunidade lhe opõe; a realidade torna-se mais forte que ele; a "astúcia" e o "jeitinho" dos mais fracos vencem o poder, em diversos episódios. Porque vencido – embora aparentemente se dê o contrário – Odorico Paraguassu acaba se transformando, aos olhos do público, numa figura não odiada. Na verdade anti-herói, esta personagem ambígua encarna não somente um tipo de poder indesejável, mas, simultaneamente, índice da existência ou emergência de um novo tipo de reação ao poder, revela uma relação contraditória deste povo com o poder. Como *Macunaíma*, o herói sem caráter, Odorico Paraguassu é contraditório em sua maneira de ser e em suas relações com seus opositores (e com o seu público).

Pela crítica que permite ao espectador exercer sobre situações da vida real, propicia um descarregar de tensões sociais; ao ver exposto ao ridículo aquele que é fonte de tantos males sociais, o expectador se distensiona e encontra aí uma válvula de escape de suas ansiedades. Pode-se perguntar, é claro, se esta saída humorística é uma válvula de escape de suas ansiedades, isto é, o fazer rir daquilo que na verdade é muito sério, mas, se formos por esta via, podemos também invalidar todo o efeito da comédia como crítica social e taxar de alienante toda obra humorística, o que seria um equívoco.

Considerando-se que o humor não exclui a seriedade, mas é reverso, cabe cogitar se a reflexão exercida pelo criador de *O Bem Amado*, como crítica sobre uma realidade social em processo, não teria ainda valor de aguçar traços apenas emergentes que, de outras formas, poderiam até mesmo passar desapercebidos, chamando a atenção para essas ambíguas entre os que exercem o jogo do poder e o próprio povo, sobre o qual elas se exercem, isto é, para a carga de ambivalência existente em toda relação opressor/oprimido. Neste caso, a obra pode ser antecipadora e não imediatista e seu alcance passa a ser maior, projetando-se além do momento e da atualidade.

Neste sentido, como obra de comunicação de massa – portanto, perigosamente consumível – ela contém aquele fermento que é parte das obras de arte e lhes concede seu maior valor. Ao criar um tipo-símbolo que satiriza o regional (local) e o nacional, o tempo e a vida presente, Dias Gomes, nesta peça, reflete as contradições de uma sociedade em processo, espelhando seus movimentos e seus *ethos*, sendo capaz de mostrar suas mudanças e, em certo sentido, antecipar suas ações. Aí se encerra sua lição e, a meu ver, a chave maior de seu sucesso.

1.3. Francisco Morel

1.3.1. Ser Pragmático, Sem Perder a Ironia

Fátima Feliciano[1]

É voz corrente entre professores e pesquisadores que o ensino de Publicidade e Propaganda no Brasil não seria o que é hoje sem as incursões modernizantes de Francisco Morel. Um dos fundadores da Fiam – Faculdades Integradas Alcântara Machado, em 1972, Morel tinha sido um dos professores pioneiros da ECA-USP, em 1967.

Infelizmente, morreu cedo, em 19 de fevereiro de 1984, deixando não apenas um grande vazio, mas também um enorme legado para colegas, professores, alunos e profissionais de publicidade, com os quais trabalhou.

Como garante Marques de Melo, "constituiu uma reflexão fecundíssima para a estruturação de um programa universitário destinado à formação de profissionais da propaganda".[2]

Sua história de vida pode ser narrada, como o fez Plutarco nas *Vidas Paralelas*, de maneira comparativa:

> *Francisco Rocha Morel nasceu em 22 de junho de 1927, na cidade de Fortaleza, capital do Estado do Ceará. Fez parte do grupo de intelectuais nordestinos que tiveram papel im-*

[1] Jornalista, mestre e doutora em Ciências da Comunicação pela Escola de Comunicações e Artes da Universidade de São Paulo. Professora do Programa de Mestrado em Comunicação e Tecnologia da Unipac Juiz de Fora (MG).

[2] José Marques de Melo, "Intercom perde um de seus sócios fundadores", em *Boletim Intercom* 47, março/abril de 1984.

portante na formação da Escola de Comunicações e Artes, a ECA, da Universidade de São Paulo, a USP. Ao lado de figuras proeminentes como José Marques de Melo, Gaudêncio Torquato e tantos outros, participou de momentos importantes para a consolidação dos estudos no campo da "Comunicação Social" no Brasil.

Morel transferiu-se para a cidade de São Paulo ainda jovem, onde foi exercer as atividades profissionais de advogado e publicitário.

Esta última experiência lhe seria de muita valia em sua contribuição para o mundo acadêmico do futuro. Ao lado de Raul Fonseca, outro nome de importância na criação e formação de cursos de "Comunicação Social" e futuro companheiro de academia, Francisco Morel montou e dirigiu uma agência de publicidade.[3]

O mesmo atestou Raul Fonseca Silva, que foi seu companheiro como professor da primitiva Fiam e sócio numa pequena agência que mantiveram juntos por alguns anos. Fonseca Silva garante que Morel foi revolucionário em suas atitudes acadêmicas: a disciplina Técnicas de Comunicação em Publicidade e Propaganda passou a ser ministrada por dois professores, "aula a quatro mãos", como ele definia. Essa forma de atuação permitiu transformar a disciplina numa espécie de agência experimental (antecipando, já em 1976, o que é uma exigência do Conselho Federal de Educação) e os alunos passaram a trabalhar como se trabalha dentro da agência profissional: executando campanhas publicitárias e trabalhando em duplas de criação[4].

Segundo Marques de Melo, o ensino de Comunicação no Brasil muito deve a Morel. Apesar de sua simplicidade e da sua inclinação

---

[3] Caminhos cruzados: Francisco Morel *in* http://www.macvirtual.usp.br/MAC/templates/exposicoes/exposicao_artejornalismo/expo_virtual/virtual6.htm

[4] Raul Fonseca Silva, no texto "Um acervo em postura de trabalho", em Boletim Intercom 47, março/abril de 1984.

para o anonimato, duas instituições universitárias paulistas beneficiaram-se da sua competência. Foram a ECA-USP e a Fiam.

Na ECA-USP, Morel ingressou quando da instalação. Convidado pelo primeiro diretor da Escola, Julio Garcia Morejón, ele ocupou inicialmente o cargo de assessor da Diretoria. E foi o responsável pela retomada do contato da USP com a realidade profissional.

> *Em 1967, aceitou um convite que o atrelaria definitivamente às atividades universitárias. O então recém-nomeado diretor, Júlio Garcia Morejón, se encontrava às voltas com o grande desafio de implantar uma Escola de Comunicações dentro da Universidade de São Paulo, enfrentando o ceticismo dos colegas ligados a outras unidades da Universidade de São Paulo. Morejón precisava naquele momento de pessoas empreendedoras e de absoluta confiança. Francisco Morel era uma dessas pessoas, e foi contratado originalmente como assessor de Diretoria.*
>
> *A grande experiência profissional de Morel rapidamente o levou à sala de aula, dentro da estrutura do "Departamento de Publicidade e Relações Públicas". Em 1970, começa a colaborar de forma efetiva com o "Departamento de Editoração e Jornalismo". Inicialmente participou da comissão que elaboraria as diretrizes do futuro curso de "Editoração" e posteriormente assumiu a responsabilidade pela cadeira "Processos de Impressão".*
>
> *Na condução desta disciplina, Morel estabeleceu processos de excelência, dentro dos recursos disponíveis à época, que tinham por objetivo dar qualidade estética às publicações produzidas dentro do departamento. Um momento marcante nesse processo foi a participação, ao lado do professor José Marques de Melo, na criação da editora-laboratório "Com-Arte". Todo esmero e dedicação aos projetos gráficos das publicações laboratoriais e acadêmicas em geral lhe renderiam uma homenagem como patrono da gráfica da ECA - Escola de Comunicações e Artes.*[5]

Na Fiam, ele atuou como coordenador do projeto de implantação da estrutura pedagógica e profissionalizante da escola. Na verdade, a própria fisionomia tomada pela instituição, quando surgiu no Jabaquara, valeu-se da sua inspiração.

É que os dirigentes da Fiam provinham de outros campos de conhecimento e confiaram a Morel as diretrizes da Faculdade de Comunicação Social. Ele reuniu equipes de trabalho, discutiu alternativas didáticas e começou a instalar uma escola moderna, bem equipada tecnicamente e dotada de um corpo docente da melhor qualidade. A Fiam deve a Morel a boa imagem e o conceito de eficiência que adquiriu no seu nascedouro.

Os rumos tomados depois, quando a instituição mudou de mantenedores, nada tem a ver com o seu projeto. Mas o que se conservou bem – a vocação profissionalizante – corresponde à realização de sua principal diretriz[6].

Outra preocupação, esta de cunho científico, levou Morel a ser sócio fundador da Intercom – Sociedade Brasileira de Estudos Interdisciplinares da Comunicação – nos idos tempos de 1970, em que ares pesados do militarismo ainda pairavam sobre o país. Participou da comissão executiva de formação da Intercom e se responsabilizou pela elaboração do anteprojeto de seu estatuto. Seu conhecimento jurídico, aliado à sua experiência publicitária, foram importantes naquele momento, junto ao Conselho Fiscal da entidade, ajudando a sedimentá-la.

Sua leitura irônica da atividade acadêmica se fez presente em todos os momentos em que isso era necessário. Sua intervenção em várias de nossas reuniões de estudos na Rua Augusta era sempre polêmica. Morel tinha um temperamento desassombrado e uma inclinação forte para o pragmatismo. E dessas virtudes ele retirava a inspiração para questio-

---

[5] Caminhos cruzados: Francisco Morel *in* http://www.macvirtual.usp.br/MAC/templates/exposicoes/exposicao_artejornalismo/expo_virtual/virtual6.htm

[6] José Marques de Melo em "A Intercom perde um de seus sócios fundadores", em Boletim Intercom 47, março/abril de 1984, p.17.

nar muitas das teses expostas por colegas mais afeitos ao verniz da academia. Suscitava inesgotáveis controvérsias e provocava perplexidades que impunham o silêncio a alguns associados, mais propensos ao exercício do monólogo do que à criatividade do diálogo[7].

Sua contribuição metodológica para o ensino de Publicidade e Propaganda se fez presente no já clássico *Ideologia e Poder no Ensino de Comunicação*, em que participou com um texto, escrito em parceria com Raul Fonseca Silva, em 1978. Neste texto Morel faz uma ácida crítica ao currículo 02/84 – na mesma linha de ação que neste momento revigora o curso de Comunicação Social da Fiam, trazendo os frescos ares de um novíssimo currículo, livre das amarras impostas pelo MEC. Aliás, desde o primeiro currículo mínimo de 1962 (que o próprio autor – Josué Montello – não sabia bem a que se prestava), as grades curriculares eram vítimas das amarras ideológicas impostas desde 1959 pela Unesco, via Ciespal.

Morel foi também um contista "perspicaz e espirituoso", cujas "produções literárias acompanhavam a fina ironia com que observava a vida e até mesmo a vivia cotidianamente"[8].

Mas como notou Marques de Melo, a sua contribuição acadêmica não se restringiria ao plano institucional:

> *(...) Chico foi também um pensador e um pesquisador que, sem ter assumido a sistematização e a formalização peculiares ao trabalho universitário, deixou uma produção importante. Ela está contida na dissertação de Mestrado "O Anúncio da Notícia", defendida na ECA- USP, em agosto de 1983. Trata-se de um singelo estudo, redigido quase em estilo telegráfico, mas rico em observações empíricas e profundo em sugestões cognitivas. Sua principal riqueza está no resgate que faz da influência publicitária no código jornalístico moderno (...)*[9].

---

[7] Idem anterior, p.17.

[8] Ibidem, p.19.

[9] Idem.

No subtítulo de sua dissertação, Francisco Morel descreve sua intenção – contribuir para uma retórica do discurso jornalístico. E é isso o que faz. Mas, na verdade, naquele momento Morel se submetia aos trâmites acadêmicos como um novato o faria, demonstrando sua humildade diante da burocracia que impõe, inclusive para especialistas, os rigores cartoriais da Universidade. Aí talvez esteja o principal mérito de sua dissertação – o exercício maior da humildade dos realmente grandes, diante dos ditames das regras do jogo acadêmico.

1.3.2. O Anúncio da Notícia[1]

Francisco Morel

Imprensa, jornal falado, jornalismo; jornalismo impresso, jornalismo eletrônico, noticiário de TV, comunicação informativa periódica...

O simples arrolamento desses termos, correntes ainda hoje, demonstra certa confusão conceitual devida, de um lado, à evolução dos meios de comunicação de massa, e, de outro, à intenção ético-funcional da atividade jornalística[2] que se propõe a um papel político na sociedade – chamado enfaticamente de quarto poder –, a qual teria direito de ser "imparcialmente informada".

Por isso mesmo, o conceito de notícia – em si, já meio fluido[3] – está, em primeiro lugar, impregnado daquelas responsabilidades e preocupações ético-políticas, e, em segundo, de sua qualificação quanto ao interesse de leitura que possam despertar[4].

---

[1] Capítulo da dissertação de Mestrado defendida pelo autor na ECA-USP, em 1982.

[2] "A informação é a principal finalidade do jornalismo. Ela deve ser verdadeira e íntegra, descobrindo e comunicando pela imprensa, pelo cinema, pelo rádio, pela televisão ou outros meios os fatos que pela sua própria natureza convém sejam públicos e não meramente particulares. Sua autoridade emana, principalmente, do conjunto das instituições políticas e econômicas". Juarez Bahia, *Jornalismo, informação, comunicação*, p. 37.

[3] "Impossível definição sobre o que seja a notícia. Não obstante a importância da notícia no chamado império do jornalismo, ninguém conseguiu defini-la satisfatoriamente. Os teóricos dizem como ela deve ser, mas não como realmente é". Mário L. Erbolato, *Técnicas de codificação em jornalismo*, p.49.

Por outro lado, é importante salientar que a tradição dos estudos sobre teoria e técnicas de jornalismo (parâmetros iniciais aos estudos da comunicação social) é toda centrada na palavra escrita.

Ora, como é de conhecimento comum, o fenômeno do noticiário informativo periódico como função de comunicação social há muito extrapolou o âmbito do meio impresso: Imprensa, hoje em dia, é uma palavra multívoca (significa o processo industrial de imprimir; a atividade do jornalismo impresso e, por extensão, das atividades noticiosas dos media eletrônicos: Rádio e TV).

Entretanto, dada a ênfase que os teóricos de jornalismo deram à palavra escrita, o universo do discurso jornalístico, tradicionalmente, propõe primeiro uma divisão genérica, conforme a natureza do "conteúdo" das mensagens, em Informativo – Interpretativo – Opinativo – Diversional[5]; segundo, uma subdivisão específica, conforme o segmento da atividade social a que se dedica, como, por exemplo, Jornalismo

---

[4] "Já afirmamos que a notícia é um relato de um fato, de uma idéia ou de uma situação que esteja, no momento, atuando no seio da comunidade a que o jornalismo serve. Por isso mesmo, a informação jornalística deve ser impessoal, no sentido de que a participação de quem a transmite ao público é puramente mecânica. O jornalista, aqui, apenas recolhe e narra os fatos. Não dá opinião, não torna públicas as suas relações pessoais. Procura atingir o máximo de imparcialidade – porque – vale repetir agora o axioma da profissão – os fatos são sagrados; só o comentário é que é livre. Ora, a notícia, que é um registro fiel do fato, deve ser tão sagrada e inviolável, tão inalterável como o próprio fato". Luiz Beltrão, *A imprensa informativa*, p.107.

[5] 1) Se a mensagem noticiosa responde única e exclusivamente as perguntas de Kipling – Quem, Que, Como, Onde e Por que – está inscrita no que chamamos de gênero informativo. 2) O propósito a ser atingido pela mensagem noticiosa pode ser o de explicar uma notícia dada; dar a conhecer os porquês e para quês, a gestação dos fatos, as causas e conseqüências, o relacionamento de uns fatos com outros, a fim de se obter uma perspectiva no tempo e no espaço. Neste caso, a mensagem se inscreve no gênero interpretativo (explicativo). 3) O trabalho jornalístico pode ter como objetivo expressar opinião de um fato; é quando o jornalista faz a qualificação, a crítica da atuação ou não atuação, o parecer favorável ou desfavorável sobre medidas, a acusação ou defesa de atos. Neste caso, a mensagem se insere no gênero opinativo. 4) O jornalista pode oferecer, em cada mensagem, algo de anedótico, de festivo, de humorístico; pode enfocar valores intrinsecamente humanos com o objetivo de en-

Econômico – Jornalismo Esportivo – Jornalismo Político etc. Inclusive uma nova subcategoria do discurso jornalístico – Jornalismo Empresarial – foi recentemente proposta em tese defendida nesta Universidade pelo Prof. Dr. Francisco Gaudêncio Torquato do Rego.[6]

Não obstante, este trabalho defende a idéia – consoante o exposto nos primeiros capítulos – de que as mensagens de massa na sociedade ocidental de mercados, como de resto quaisquer mensagens de comunicação em qualquer sociedade, são persuasivas da ideologia dominante, portanto demagógicas (em sentido próprio).

E assim sendo, a pretensa isenção e verdade objetiva das mensagens jornalísticas de informação não existem, porque estas não escapam daquela condição. O que, entretanto, parece de alguma forma contribuir para esta miopia são os processos analíticos das mensagens dos meios gráficos de comunicação de massa, que se comportam dentro de uma dicotomia clássica entre "conteúdo" e "forma", privilegiando absolutamente o código lingüístico, como se as formas, dimensões, alterações dos caracteres tipológicos, ou as diagramações especiais de espaços e, principalmente, o tratamento retórico das fotos não tivessem significação. Para nós, a estrutura de uma mensagem de comunicação num meio de massa é um composto significativo de todos esses códigos imbricados.

Em seu estudo *Semiótica Y Comunicación de Masas*, Miguel de Moragas Spa é incisivo a este respeito:

> *El estado actual de las ciencias del lenguaje nos obliga, a veces, a efectuar planteamientos parciales sin que el próprio objeto de la investigación lo justifique. Como hemos visto, la semiótica y el análisis de contenido se han desarrolado como disciplinas independientes. La semiótica se ha ocupado del estudio de los sistemas de semas no linguísticos. El análisis*

---

treter, divertir, satisfazer emocionalmente o leitor. E aqui temos o gênero diversional". Prof. Dr. Francisco Gaudêncio Torquato do Rego, *Jornalismo Empresarial, Técnicas de Reportagem.* Cadernos Proal n. 3, p.5, São Paulo.

[6] Comunicação na empresa e o jornalismo empresarial – Prof. Dr. Francisco Gaudêncio Torquato do Rego – tese de Doutorado – ECA/Universidade de São Paulo.

> *de contenido, que con frecuencia se ha ocupado de la comunicación de masas, ha estudiado la significación textual de lo dicho y lo escrito, es decir, de aquellos sistemas en los que interviene la palabra. En concreto, hoy por hoy, análisis de contenido significa, en el campo de la comunicación de masas, análisis del lenguaje escrito o, más concretamente, análisis de prensa. Mi alternativa, mi objetivo, consiste en remover esta absurda situación.*[7]

O mesmo procedimento analítico já não ocorre com o anúncio de propaganda comercial, mesmo porque ele está abertamente integrado na ética de persuadir, de influenciar comportamentos.

Devido a este descompromisso ético com a "verdade", talvez, é que desenvolveu com maior velocidade as possibilidades retóricas dos códigos visuais e sua força de influenciar e atrair as audiências. E, em conseqüência disto, certamente, mereceu dos semiólogos maior atenção e aplicação sobre ele de pesquisas semiológicas, sobretudo, de gramática e retórica das mensagens visuais[8].

Neste ponto vale enfatizar, para clareza do que se pretende, o papel dos estudos de sistematização de "leitura" dos códigos visuais, nele incluídas uma morfologia, uma sintaxe, uma retórica. Com efeito, se ampliarmos os termos jornalismo e imprensa no seu sentido político, não podemos certamente menosprezar a força das imagens audiovisuais, os jornais-*flash*, os especiais, a tiragem noturna oficial de T.V. como conteúdo de comunicação, em que as figuras físicas, com todo o seu gestual (dos autores? escritores? apresentadores? emissores?), se constituem, indubitavelmente, em mensagens superpostas às ilustrações, ou aos "textos" lidos, ou às operações de tiragem da mesa de direção. Neste sentido, é oportuno o seguinte texto de George A. Borden:

> *No intentaremos exponer una distinción clara entre conducta comunicativa verbal y no verbal. Baste decir que*

---

[7] Miguel de Moragas Spa, *Semiótica y comunicación de masas*, p.109.

[8] Conforme os autores citados em artigos anteriores, notas de nºs: (25), (29), (35) e (44).

> *una señal verbal consiste en las palabras y sus relaciones sintácticas, en tanto que las señales no verbales consisten en todas las demás acciones manifiestas de las que podemos extraer un mensaje. La escritura es claramente verbal; nuestra apariencia y acción corporal son claramente no-verbales; y pero qué pasa con la modulación, entonación y velocidad de nuestra voz cuando hablamos? Realmente no es muy importante, pero ayuda ciertamente a que se vea la multiplicidad de las señales transmitidas en cualquier caso dado de comunicación, si intentamos poner cada subseñal bajo las categorías de verbal o de no verbal.*[9]

Assim, a linguagem é a designação genérica dos sistemas semióticos; os discursos, fragmentos de linguagem, constituídos por uma multiplicidade de mensagens imbricadas (denotativas e conotativas), cada uma, por sua vez, constituída por códigos, quer lingüísticos, quer visuais (instância conceitual). Isto posto, pleiteamos:

1) a existência, na linguagem jornalística (como sistema semiótico), de uma pluralidade de sistemas (linguagens) diferentes em sua estruturação;

2) a contaminação de uma dessas sublinguagens jornalísticas pela linguagem publicitária, formando uma categoria de discurso híbrido (publicitário/ jornalístico ou jornalístico/publicitário), que se poderia denominar "notícia/anúncio" ou anúncio/notícia".

Por esta razão, os exercícios de análises de mensagens jornalísticas meramente exemplificativos e ilustradores desse nosso raciocínio utilizam-se de métodos já empregados para analisar mensagens de publicidade, por G. Péninou e J. Durand, conforme será exposto adiante.

À maneira de R. Barthes, que isolou dentro da "linguagem jornalística" uma estrutura particular (subsistema semiótico), os *fait divers*, fazemos a petição de um outro subsistema nesse universo de discursos: o "anúncio/ notícia" ou a "notícia/ anúncio", em que o próprio discurso é erigido à instância de produto e, como tal, tratado publicitariamente.

---

[9] BORDEN, George A. *Introducción a la teoría de la comunicación humana.* Madrid: Editora Nacional, 1974, p. 94.

1.4. Freitas Nobre

1.4.1. O Repórter que Hasteou a Bandeira Brasileira na Sorbonne

Osmar Mendes Júnior [1]

José de Freitas Nobre nasceu em Fortaleza, Estado do Ceará, em 24 de março de 1921. Foi bacharel em Ciências Jurídicas e Sociais pela Faculdade de Direito da Universidade de São Paulo e doutor em Direito e Economia da Informação pela Faculdade de Direito da Universidade de Paris, França. Foi professor titular de "Direito da Informação" e "História da Imprensa", da Faculdade de Jornalismo Cásper Líbero, ainda no tempo em que a escola integrava a PUC – Pontifícia Universidade Católica de São Paulo. Foi membro da Aieri (*Association Internationale des Études et Recherches sur l'Information et la Communication*).

Foi presidente do Sindicato dos Jornalistas do Estado de São Paulo e da Federação Nacional dos Jornalistas. Foi também membro do Instituto Histórico e Geográfico de São Paulo. Advogado militante, especializou-se em Direito das Comunicações, especialmente do Jornalismo. Foi vice-prefeito do município de São Paulo e vereador pela Câmara Municipal de São Paulo.

Freitas Nobre ingressou precocemente no Jornalismo. Muito jovem, migraria para a cidade de São Paulo, no Estado de São Paulo, com uma grande reportagem embaixo do braço, à procura de um editor. Sob o título *A Epopéia Acreana*, o livro foi lançado em 1938. Ao desvendar

[1] Jornalista e pesquisador do Núcleo de Estudos sobre o Pensamento Jornalístico Brasileiro.

as facetas do bandeirantismo cearense no norte do Brasil, a obra causou grande impacto, o que justifica sua imediata reedição.

Trabalhando como repórter na imprensa paulista, o jovem nordestino dedica-se ao filão das biografias históricas, produzindo livros sobre o poeta popular Juvenal Galeano, o abolicionista João Cordeiro, o jurista Clovis Bevilacqua e o missionário José de Anchieta. Matricula-se na Faculdade de Direito do Largo São Francisco, hoje incorporada à USP, graduando-se em Ciências Jurídicas e Sociais, o que lhe permite desenvolver carreira paralela como advogado. Sua paixão, contudo, permanece situada na esfera do jornalismo. Além de artífice da reportagem, ele procura resgatar as malhas históricas da sua profissão. Em 1950, publica o livro *História da Imprensa de S. Paulo*. Emerge daí uma nova faceta: a do pesquisador. Ela motiva seu ingresso na docência, assumindo anos depois as cátedras de "História do Jornalismo" e de "Legislação da Imprensa" na Faculdade de Jornalismo Cásper Líbero, então vinculada à Pontifícia Universidade Católica de São Paulo.

Jornalista reconhecido e legitimado pela sua corporação, Freitas Nobre perfila trajetória sindical, elegendo-se três vezes presidente do Sindicato dos Jornalistas Profissionais do Estado de S. Paulo e sendo guindado por seus pares à presidência da Federação Nacional dos Jornalistas (Fenaj).

A habilidade política como sindicalista foi a variante que o conduziu à esfera da política partidária. Era filiado ao Partido Socialista Brasileiro e o eleitorado do município de São Paulo deu-lhe mandato de vereador. Mas o golpe militar de 1964 interromperia sua ascensão política.

Ele ocupava então o cargo de vice-prefeito, como parceiro do grande administrador paulistano Prestes Maia. Freitas Nobre só retornaria à política nos anos 70, incorporando-se às fileiras do partido oposicionista, o então Movimento Democrático Brasileiro, embrião do atual PMDB. Elege-se vereador e depois deputado federal por São Paulo, ocupando a liderança da oposição e a vice-presidência da Câmara dos Deputados.

Teve ainda participação decisiva no processo de redemocratização nacional, sendo um dos principais colaboradores de Tancredo Neves, presidente civil eleito na seqüência do ciclo de últimos governantes militares.

Apeado do poder pelos vencedores de 1964, Freitas Nobre dá consistência à carreira universitária palmilhada na pioneira Faculdade Cásper Líbero. A solidariedade socialista viabiliza o exílio voluntário na França, onde se inscreve no Doutorado em Direito e Economia da Informação, sob a tutela acadêmica de Fernand Terrou, o diplomata que fundou e dirigiu na Sorbonne o Instituto Francês de Imprensa.

Ao retornar ao Brasil, em 1967, quando a situação política parecia amainada, Freitas Nobre encontrou fundada a Escola de Comunicações Culturais, hoje denominada ECA-USP, vindo a integrar o corpo docente inicial do seu Departamento de Jornalismo. Ele ministra aulas de Jornalismo Informativo, sendo o autor intelectual da Agência Universitária de Notícias (AUN), nosso primeiro laboratório de jornalismo aplicado, modelo seguido pelas instituições congêneres de todo o País.

Enquanto lecionava na ECA-USP, ele ia trabalhando na redação da sua tese de doutoramento, voltando a Paris para defendê-la em 1973.

Trata-se de estudo original sobre as implicações jurídicas do jornalismo em tempo de mídia eletrônica. Essa pesquisa seria posteriormente transformada em livro – *Le Droit de Réponse et la Nouvelle Technique de l'Information* (Paris: Nouvelles Editions Latines, 1974).

Mas ao conquistar o título de doutor, o trabalho docente de Freitas Nobre em São Paulo já havia sido interrompido. Nesse ínterim, ele se elegera deputado federal pelo partido oposicionista.

Não obstante a Câmara dos Deputados lhe concedesse permissão especial para lecionar na ECA-USP, atividade que ele desenvolvia nas noites de sexta-feira, voando diretamente de Brasília, a Consultoria Jurídica da USP emitiu um estranho parecer, recomendando a interrupção do seu vínculo contratual com a Universidade.

Naqueles anos de chumbo, pouco adiantava argumentar. Mas o Conselho do Departamento de Jornalismo reagiu, nos limites então permitidos, o que foi interpretado pelos agentes do sistema autoritário como impertinência subversiva. Tanto assim que quatro docentes (o chefe do departamento, José Marques de Melo, bem como os professores Thomas Farkas, Jair Borin e Sinval Medina), tidos como inspiradores do movimento pela permanência de Freitas Nobre (e por outras rebeldias), foram depois sumariamente afastados dos quadros uspianos, em estilo similar aos processos sofridos pelos personagens de Franz Kafka.

O processo de retorno de Freitas Nobre à ECA-USP, bem como o dos colegas também vítimas do instituto da "cassação branca" (típica do período negro pós-68), só foi possível depois da Anistia de 1979. O movimento pela sua reintegração e a de seus companheiros de infortúnio constitui um capítulo singular da nossa história institucional, enfrentando resistências ostensivas ou dissimuladas, internas ou externas.

Elas só foram transpostas pela pertinácia de colegas com a têmpera da professora Maria do Socorro Nóbrega e pela determinação de autoridades como o governador Franco Montoro e o reitor José Goldemberg, que assumiram o risco da anistia, apesar dos conselhos negativos de assessores que permaneceram incólumes na burocracia estadual. O processo de Freitas Nobre tramitou de forma "lenta, gradual e segura", sendo deferido tardiamente, só em meados dos anos 80.

Tal iniciativa coincidiu com o seu insucesso nas urnas. Parlamentar integralmente voltado para as responsabilidades legislativas em Brasília, ele se esqueceu de "cultivar" o eleitorado paulista, decrescendo nas intenções de voto do último plebiscito popular a que se submeteu. Em compensação, a nossa sociedade foi enriquecida com a fertilidade do seu trabalho intelectual. Ele passou a dedicar-se ao exercício concomitante do magistério, da pesquisa e da advocacia.

Os alunos da ECA-USP foram beneficiados com os conhecimentos maduros que voltou a transmitir nas aulas semanais de graduação e pós-graduação. Os jovens pesquisadores, candidatos ao Mestrado ou ao Doutorado, encontraram orientação segura para as teses inscritas sob a sua supervisão científica. Evidência da qualidade do seu trabalho acadêmico é a tese de livre-docência que ensejou o livro *Imprensa e Liberdade – Os princípios constitucionais e a nova legislação* (São Paulo: Summus, 1988).

A obtenção desse diploma universitário o habilitou à conquista do grau mais elevado da nossa carreira acadêmica, o de professor titular, poucos meses antes do seu falecimento (19 de novembro de 1990).

Apesar de vitimado pelo câncer, Freitas Nobre não esmoreceu. Enfrentando a doença com estoicismo e abnegação, ministrava regularmente as aulas noturnas que lhe competiam na escala departamental.

Da mesma forma, comparecia diariamente ao seu escritório de advocacia, patrocinando causas relacionadas com o direito da informação. Sobretudo aquelas que mais o apaixonaram no apogeu como jurisconsulto: o direito intelectual dos autores de obras psicografadas.

Na ECA, o professor José de Freitas Nobre ministrou cursos de "Ética e Legislação da Imprensa".

Referências

MARQUES DE MELO, José. Freitas Nobre, jurisconsulto. *Jornalismo Brasileiro*, Porto Alegre: Sulina, 2003, p. 88-82

NOBRE, Marcos. Freitas Nobre, o cidadão. *Simpósios em Comunicações e Artes,* n. 9, São Paulo: ECA-USP, 1991, p. 9-14

MONTORO, André Franco. O Político. *Simpósios em Comunicações e Artes,* n. 9, São Paulo: ECA-USP, 1991, p. 45-48

KONDER, Rodolfo. O Jornalista. *Simpósios em Comunicações e Artes,* n. 9, São Paulo: ECA-USP, 1991, p. 37-30

ROCHA, José Carlos. O Jurista. *Simpósios em Comunicações e Artes,* n. 9, São Paulo: ECA-USP, 1991, p. 15-28

BORIN, Jair. O Sindicalista. *Simpósios em Comunicações e Artes,* n. 9, São Paulo: ECA-USP, 1991, p. 29-38

DIAS, Nelson Breve. O Professor. *Simpósios em Comunicações e Artes,* n. 9, São Paulo: ECA-USP, 1991, p. 41-45

FREITAS NOBRE, José. Memorial. *Simpósios em Comunicações e Artes,* n. 9, São Paulo: ECA-USP, 1991, p. 49-62

1.4.2. A Liberdade de Informar e o Direito à Informação[1]

Freitas Nobre

Os problemas jurídicos conseqüentes ou relacionados com a comunicação constituem, hoje, matéria de permanente estudo e pesquisa, especialmente porque envolvem questões de toda natureza, com implicações nos mais variados campos da atividade humana.

As diversas faces do desenvolvimento da comunicação foram acompanhadas de movimentos de profunda modificação de comportamento da comunidade, constatando-se uma crescente integração dos grupos sociais como conseqüência desse progresso e da adoção de uma nova e sofisticada tecnologia.

Quando um candidato à Presidência dos Estados Unidos ou de uma outra nação condiciona seus programas políticos, suas apresentações, sua vestimenta, seus horários aos interesses da oportunidade da divulgação, vê-se, concretamente, como essa influência se exerce de forma preponderante, para não dizer autoritária.

Há uma correlação entre o desenvolvimento técnico dos meios de comunicação e as franquias e limitações da liberdade de informar.

A partir do momento em que a notícia podia representar um problema para a autoridade, esta passou a exercer um controle direto sobre essa divulgação.

Não se conhecem bem as formas de restrição que devem ter ocorrido nas fases primárias da comunicação oral e mesmo no período das

[1] Capítulo da tese de livre-docência defendida pelo autor na ECA-USP, em 1987.

gravações e sinalizações na rocha, ou nas primeiras manifestações escritas em folhas de árvores ou no papel primitivo feito com o papiro.

Mas se conhecem as restrições a partir dos elementos tipográficos e dos primeiros impressos.

Multiplicando as cópias com a produção rápida e de pequeno custo, o espírito crítico começou a desenvolver-se e a molestar os que até então cometiam excessos, mas escapavam aos rigores da notícia e ao impacto da crítica.

As pequenas folhas soltas, ainda sem a característica organizada dos primeiros jornais, passaram a ser impressas e distribuídas entre populares, circulando de uma nação a outra, ou entre cidades de um mesmo território nacional.

Os governantes tiveram de enfrentar a crítica e necessitaram de duas providências. A primeira delas, a organização de outras folhas para responder ou esclarecer as notícias que lhe diziam respeito. A segunda providência, a de limitar as publicações, ou mesmo de cerceá-las, através de providências administrativas, policiais e judiciais.

Um dos exemplos mais característicos é o que coincide com o aparecimento da *Gazette*, de Théophraste Rénaudot, em 30 de maio de 1631, como instrumento de informação e resposta do governo aos gazeteiros da época, que divulgavam informações nem sempre exatas através de folhas soltas impressas ou escritas a mão, uma a uma.

Charles Louis Chassin, em seu livro *L'apresse libre selon lês príncipes de 1789*, editado em Paris em 1962, observava que "uma gazeta pública deveria exercer uma ação muito mais eficaz que a multa, o relho, a prisão ou a guilhotina".

Na verdade, não foi por outra razão que Rénaudot, médico do rei e íntimo de Richelieu, veio a receber o privilégio da concessão perpétua de uma gazeta, proporcionada pelo Estado, para tornar-se o porta-voz do rei, respondendo às acusações e às notícias consideradas inexatas, o que permitiu ao seu espírito liberal abrir campo ao direito de resposta sem necessidade de procedimento judicial.

Por isso, na primeira compilação anual de sua *Gazette,* Théophrastes Rénaudot fez publicar o seguinte aviso: "Aqueles que se escandalizem possivelmente com duas ou três falsas publicações que tenhamos divulgado como verdades serão convidados a transmitir ao público, através da minha pena (que eu lhes empresto para este fim), as notícias que eles julgam mais verdadeiras, e, como tais, mais dignas de serem publicadas."

Quando da defesa de nossa tese na Faculdade de Direito e Ciências Econômicas na Universidade de Paris, afirmávamos perante o júri que essa declaração pública de Rénaudot constituía a primeira manifestação efetiva de concessão dos direitos de resposta, fomos argüidos pelo professor Fernand Terrou.

Tivemos de desenvolver, na ocasião, argumentos em reforço da afirmativa, os quais, sem dúvida, muito influíram no julgamento do nosso trabalho, conforme verificamos na oportunidade.

Os governos respondiam aos panfletários clandestinos com suas folhas soltas ou as chamadas "gazetas à mão", através de publicações já com caráter periódico de circulação, como a *Gazette,* na França, ou o *Niewe Tydinghen*, do impressor Abraham Verhonoeven, de Anvers, que em maio de 1605 obtiveram o privilégio de imprimir, gravar e vender, concedido pelos arquiduques Albert e Isabelle, dos Países Baixos.

Mas era no mínimo estranho que uma gazeta oficial, àquela época, viesse a colocar suas colunas à disposição. Bastaria que os interessados tivessem notícias "mais verdadeiras e mais dignas para serem divulgadas".

Aí estava, de fato, o germe do direito de resposta, à moda do que adotaram principalmente os ingleses e, em seguida, os norte-americanos, através da valorização do Correio de Leitores e em detrimento da ação penal por calúnia, difamação ou injúria.

A reação dos governos se refletia na impressão de jornais ou na concepção desse privilégio a pessoas de sua estrita confiança, com direitos perpétuos transmissíveis aos herdeiros, ou na adoção de restrições ao exercício da divulgação.

Esta última medida tornou-se mais comum que a primeira.

Assim, na *Histoire Génerale de la Presse Française*, Bellanger, Godechot, Guiral e Ferdinand Terrou (p. 65, vol. I) contam algumas das primeiras providências da autoridade para impedir a divulgação de determinadas notícias:

> *C'est le nombre et la virulence de ces écrits que firent naître la législation de la presse: édits de Fontaninebleau (11 décembre 1547), puis de Chateaubriand. En promulguant ces textes, Henri II entendait empêcher lês doctrines de la Réforme de s'infiltrer dans les livres de religion et de Théologie que répresentaint les deux tilrs de la production imprimée. En septembre 1553, um arrêt tem à prevenir lês suítes 'de placards séditieux affichés à Saint-Innocent et à la porte de Chastelet'. En mai 1560, l'ordonnance de Remorantin déclare 'ennemis du repor public et de placards el libelles diffamatoires...qui ne peuvent pas tendre qu' à irriter et à esmovoir le peuple á sédiction'. Apès le tumulte d'Amboise, em janvier 1561, la déclaration de Saint-Germain-en-Laye porte que 'tous imprimeurs, semeurs de placards et libelles diffamatoires, seron punir pour la première fois du fouet, et de la vie en cas de récidive'. Un arrêt réglementaire du Parlement étend ces défenses aux cartes et peintures, c'est-á-dire, aux caricatures, plus efficaces auprès des analphabètes.*

Fazemos essas observações e citamos estes fatos para demonstrar que o simples direito de resposta ou a existência das publicações oficiais, ou mesmo a utilização do chamado Correio dos Leitores não eram suficientes para tranqüilizar a autoridade quanto aos abusos da informação.

O controle passou a ser feito, após a fase de privilégio da propriedade da tipografia, pela censura prévia e, a partir daí, por uma legislação nem sempre democrática, mas, ao contrário, tendente a cercear a livre circulação da notícia.

E esse controle passou a ser exercido através de uma legislação penal incluída em leis especiais ou incorporadas aos textos dos Códigos Comuns ou, ainda, em leis de exceção, como o Código Penal Militar e as chamadas leis de segurança do Estado.

Outros países se limitaram aos princípios constitucionais, ficando a matéria relativa aos crimes de opinião cometidos através dos meios de comunicação apenas nos dispositivos da Carta Magna, como nos Estados Unidos e na Argentina.

Como os delitos de opinião através da imprensa envolvem questões as mais diversas, obrigando a existência de uma legislação especial para o rádio e a televisão ou mesmo para as empresas jornalísticas, com problemas relativos à responsabilidade sucessiva, ao sigilo da fonte da informação, às conseqüências civis para a reparação do dano, à prisão especial, à obrigação de retificar, etc., os países que não possuem lei específica acabam adotando uma legislação dispersa, envolvendo cada um dos problemas que se apresentam em conseqüência das atividades jornalísticas nas agências noticiosas, no rádio, no jornal e na televisão.

O debate, por isso mesmo, entre nós, hoje se trava entre os que entendem que deva existir uma legislação específica para a imprensa e os que defendem apenas a fixação dos princípios no texto constitucional, que está sendo debatido na Constituinte, que é a responsável pela nova Constituição brasileira a ser promulgada provavelmente ainda no corrente ano.

Nossa pesquisa e análise desenvolve-se visando as duas posições, para adotar, afinal, aquela que julgamos ser a mais adequada para o exercício da atividade jornalística, da liberdade de informar e do dever de servir à verdade, informando com lealdade e clareza o leitor, assistente ou ouvinte.

Caminhando a Constituinte para uma legislação específica dos meios de comunicação, a comunidade da área tem de ser ouvida, e o debate deverá alcançar todos os setores interessados para a redação ordinária.

A tendência que se constatou, inclusive junto a importantes setores da categoria profissional dos jornalistas, não foi a da revogação da Lei da Imprensa, mas a da adoção de um texto democratizado, expurgado dos excessos, das deformações do período ditatorial e ajustado à nova técnica da informação.

Para essa importante tarefa, é fundamental a leitura dos debates realizados na sede do jornal *O Estado de S. Paulo* e publicados em 8 de junho de 1980, sob a coordenação do jornalista Luiz Roberto de Souza Queiroz e a participação de Barbosa Lima Sobrinho, presidente da Associação Brasileira de Imprensa; Serrano Neves, conselheiro federal da Ordem dos Advogados do Brasil; Manoel Alceu Affonso Ferreira, advogado especializado em Direito da Informação, à época, e hoje no Tribunal de Alçada de São Paulo; Luiz Carlos Lisboa, jornalista, bacharel em Direito; Marçal Vesiani, jornalista e doutor em Teologia; e Freitas Nobre.

Barbosa Liam Sobrinho manifestou-se favoravelmente ao restabelecimento do júri para o julgamento das infrações.

Com a adoção de uma lei específica, evita-se a distorção do uso de legislações inadequadas para o procedimento penal contra o jornalista, como a Lei de Segurança Nacional, o Código Penal Militar, ou o próprio Código Penal, desajustado a esse tipo de delito, que reclama tratamento especial e que apresenta características muito especiais.

Por sua vez, o jurista Serrano Neves lembrou no referido debate que "todas as revoluções triunfantes têm, no início de suas preocupações, a de sufocar a imprensa e calar na garganta a voz da advocacia". Destacou, ainda, que tanto isso é verdade que, logo que se passou a institucionalizar a revolução triunfante, deu-se fim à instituição do júri de imprensa, e os delitos de imprensa foram incluídos na Lei de Segurança Nacional.

Preponderou nesse debate a opinião segundo a qual a Lei de Imprensa deve permanecer, porém com um texto atualizado, democratizado e juridicamente harmônico com a legislação do novo período, revogando-se a Lei de Segurança Nacional. O argumento irrespondível é o de que em época de paz o problema de segurança interna é o Código Penal, e os problemas de segurança externa, do Código Penal Militar e seu estatuto processual.

Para demonstrar a desatualização da Lei de Imprensa vigente, destacou-se, entre outros exemplos, a contradição com os prazos processuais, pois enquanto o jornalista tem 48 horas para dar explicações em Juízo, o magistrado dispõe de três, cinco ou mais dias para um despacho.

É bem verdade que, mesmo harmonizando esses prazos, há o interesse social em não ampliá-los exageradamente, sobretudo para o interstício do direito de resposta, a fim de que as retificações se processem dentro de períodos razoavelmente rápidos, para que a pessoa atingida veja restabelecida a verdade em período eficaz.

Embora fixando-se a favor da existência de uma Lei de Imprensa, os participantes entenderam, igualmente, que não pode permanecer numa legislação democrática o arbítrio do ministro da Justiça que, como na lei atual, tem poderes para decretar a apreensão de jornais e revistas.

Aliás, não é só o ministro da Justiça.

O ministro das Comunicações, sem audiência no Judiciário, pode punir, inclusive com a suspensão de suas atividades, qualquer emissora de rádio ou de televisão pelo prazo de até 30 dias, com base em um outro diploma da área de comunicação, o Código Brasileiro de Telecomunicações, de 1962.

Deve haver também a cautela de não permitir que, qualquer que seja a fórmula adotada – os princípios constitucionais remetendo os delitos de imprensa para o Código Penal comum, ou a lei específica –, ampliem-se as pretensões punitivas da autoridade. Os dispositivos legais devem reconhecer o direito de crítica, ainda que veemente e severo, quando se trata do interesse público.

Outro aspecto importante nos debates sobre uma lei especial para a imprensa é o tipo de interpelação, de pedido de explicações e da notificação visando preservar as gravações. Essas medidas cautelares têm características próprias, até em razão de sua especificidade, como a obrigatoriedade de conservação das gravações por períodos que variam de acordo com a potência da emissora. Assim, a obrigação de interpelar, com as características próprias do agente e do instrumento utilizado – o rádio, o jornal, a televisão, os cartazes, as agências noticiosas –, antes de qualquer outra medida judicial, mesmo o direito de resposta, ilidiria uma série de problemas burocráticos, tornando rápida a providência amigável. A exceção ocorreria se as explicações não fossem satisfatórias, facultando o procedimento penal para a divulgação do texto retificador.

Pela atual legislação, a interpelação e o pedido de explicações são medidas facultativas.

Quando é evidente o direito do postulante a retificar a notícia, torna-se claro que o veículo de comunicação teria o maior interesse em divulgar a matéria, evitando o procedimento penal.

Nesse caso, tanto o direito de resposta como a ação penal ou a queixa-crime só viriam a ser propostos na hipótese do desatendimento da solicitação feita diretamente à direção responsável pelo órgão de comunicação.

Só nesta área, o que viesse a ser incluído no Código Penal para atender às questões suscitadas para os chamados crimes de imprensa constituiria um livro que na verdade seria uma legislação de imprensa embutida no estatuto penal.

Parte II

No Limiar da Sociedade Digital

2.

Vanguarda do Planeta de Bill Gates: Stevanim, Azevedo, Sacramento e Alzamora

Raquel Paiva

Podemos dizer que a "geração McLuhan" (de meados dos anos 60 a meados de 80) se caracterizou pela idéia de uma "aldeia" planetária, a globalização comunicacional do mundo, operada por tecnologias avançadas de informação, mas ainda centralizadoras em suas formas empresariais clássicas de televisão, rádio, jornal, etc. No fundo, uma ampliação das teses clarividentes do Padre Teilhard de Chardin, para quem os meios de comunicação formariam, em sua totalidade, uma espécie de cérebro planetário, cujas sinapses seriam a mídia em sua diversidade tecnológica.

O que agora se poderia chamar de "geração Bill Gates" é uma reinterpretação daqueles dispositivos centralizadores por objetos nômades, isto é, máquinas reformuladas em função do uso individual e do fácil deslocamento. Talvez o modelo de visualização deste fenômeno seja dado pela comparação entre o Unimac, o enorme computador dos começos, e o computador pessoal (PC), responsável por uma verdadeira mutação nas práticas de uso das máquinas de informação. Ao mesmo tempo, todo esse avanço tecnológico trouxe de volta, para quem já o havia perdido, o velho espírito da artesania. Bill Gates partiu industrialmente de um fundo de quintal; os *hackers*, que hoje atormentam os grandes sistemas de segurança eletrônicos, são igualmente artesãos de um novo estilo.

Nesse novo território se movem os jovens pesquisadores da comunicação, a exemplo destes agora premiados pela Intercom. Trata-se de trabalhos que não mais correspondem diretamente aos atributos do que, na geração McLuhan, se chamou de "comunicação de massa". Em lugar dos modelos de difusão centralizada, impõem-se os modelos de rede, que contemplam a fragmentação dos serviços e das demandas. Diz Wolff [1]:

> As novas tecnologias facilitam a aquisição de uma variedade mais ampla de conteúdos, de maneira menos vinculada à lógica dos aparelhos de distribuição e mais orientada para a subjetividade do consumidor. Com base nesta diferença, as principais características inovadoras do futuro das mídias estão individualizadas na abundância da produção e da oferta, na liberdade de escolha, na interatividade, na especialização e na descentralização.

De um modo geral, observa-se uma progressiva reconversão da estrutura tradicional dos meios de comunicação à multimídia, em especial o vídeo e o digital. "O uso deste tipo de tecnologias deixa marcas no discurso em relação às possibilidades expressivas, mas fundamentalmente no que diz respeito às condições de produção, realização, circulação e exibição dos materiais", afirma Zarowki[2]. É aí que se desenham as perspectivas de construção de relações de comunicação contra-hegemônicas ou opositivas às práticas comunicativas da grande indústria, caracterizadas pela unidirecionalidade das mensagens e, portanto, por relações assimétricas de poder.

São, assim, vários os pesquisadores que se empenham em descrever processos alternativos de comunicação, seja no interior de comuni-

---

[1] WOLFF, Mauro. Nuevos médios y vínculos sociales. *Apud* ABRIL, Gonzalo. *Teoria General de la Informaciòn*. Madrid: Ediciones Cátedra, 1997.

[2] ZAROWSKY, Mariano. "El "documental piquetero": en torno a las modalidades de representación y intervención audiovisual". VINELLI, Natalia; ESPERÓN, Carlos Rodriguez. *Contrainformación*. Ediciones Continente, 2004, p.68.

dades periféricas dos grandes centros urbanos, seja buscando o pluralismo e a diversidade nos *chats* e foros de discussão da internet. Mas também despontam neste cenário pesquisas em torno dos novos equipamentos e suas diretas conseqüências na vida dos indivíduos e seus grupos sociais. Estas são as marcas presentes nos trabalhos dos premiados de 2006 na Intercom. A vencedora do Prêmio Freitas Nobre, que concorreu com mais 14 finalistas, doutorandos de programas como Unisinos, UFBA,UFRJ, USP, Umesp e PUC-RS, Geane Carvalho Alzamora, foi orientanda no PPGCOM – PUC-SP de Lucia Santaella, e o trabalho intitulado "Da semiose midiática à semiose hipermidiática: jornalismos emergentes" foi inscrito no Núcleo de Pesquisa Semiótica da Comunicação. Em linhas muito gerais, o trabalho vencedor de 2006 discute a semiose da informação jornalística na internet. A referência é a semiótica peirceana que, partindo da lógica comunicacional da internet, privilegia aspectos da operação semiótica de representação sígnica, ao passo que a lógica comunicacional dos meios de massa privilegia aspectos da operação semiótica de determinação sígnica.

O vencedor do Prêmio Francisco Morel, Igor Sacramento, do PPGCOM-ECO/UFRJ, orientando de Ana Paula Goulart, concorreu com oito finalistas, mestrandos dos advindos da própria UFRJ, Uerj e USP. O vencedor inscreveu seu trabalho "Coutinho na TV: Um Cineasta de Esquerda Fazendo Jornalismo" no Núcleo de Pesquisa em Jornalismo. O trabalho pretende discutir a produção de jornalista na televisão do cineasta Eduardo Coutinho. O Prêmio Lígia Averbuck ficou com a especialista Ana Laura Moura Azevedo, da Umesp, orientada por Sérgio Rizzo, com o título "Características do Cinema Narrativo Clássico em um jogo de *videogame*", inscrito na Altercom – Jornada de Inovações Midiáticas e Alternativas Comunicacionais e que teve como finalistas concorrentes três outros trabalhos selecionados.

E foi finalmente vencedor do Prêmio Vera Giangrande, concorrendo com 11 finalistas oriundos de diversas universidades do país, o aluno da Facom da UFJF Luiz Felipe Ferreira Stevanim, com o trabalho "As charges do profeta: dilemas da liberdade de imprensa na era da globalização", que teve como orientador Paulo Roberto Figueira Leal.

Um exame mais detido de todos esses trabalhos revela uma espécie de solução de compromisso teórico entre as preocupações acadêmicas da "geração McLuhan" e as da "geração Bill Gates". Isto nos parece natural: é preciso mais do que duas décadas para se completar a consolidação de um modelo teórico de mídia. No fundo, alguns dos problemas da cultura de massa ainda persistem em plena cibercultura.

2.1. Prêmio Vera Giangrande

2.1.1. Ainda Acredito no Jornalismo

Luiz Felipe Ferreira Stevanim (UFJF)

Ainda acredito no jornalismo. É por isso que saí de minha casa, uma fazenda no interior de Minas, e faço o que estou fazendo. Hannah Arendt, grande filósofa, deu um sentido novo à expressão "ação política": agir sobre o mundo, como um humano, pensando. Se digo que ainda acredito no jornalismo, é porque penso que este é seu papel: de agir sobre a realidade, ainda que buscando arestas, caminhos alternativos, o que inclui atividades reflexivas que se dão em espaços (ainda públicos) como a universidade.

A busca pelo *público*, no sentido do "interesse público", se deu a partir do Programa de Educação Tutorial (o PET), uma iniciativa pioneira na educação superior brasileira. Para que serve a universidade? O PET se pergunta. Ensino, pesquisa e extensão. Pois então, que façamos isso. Desenvolver, já na graduação, o espírito reflexivo da pesquisa acadêmica, conduzido pelo propósito de romper diferenças e estabelecer pontes de mão dupla (no sentido da "comunicação horizontal" de Paulo Freire). Sou bolsista PET desde fevereiro de 2006. Recebo 300 reais mensais (do MEC), mas o que construo de maior valor é um cotidiano de reflexão crítica. Para isso, contribuíram o tutor do programa, Francisco Paoliello Pimenta, meu orientador Paulo Roberto Figueira Leal, e meus amigos, tanto professores quanto bolsistas (Liliane Costa, Thiago Correa, Letícia Perani, Mariana Pelegrini, Flávia Paravidino, Fernanda Sabino, Camila Wenzel, Dimas Lorena Filho, Vinícius Werneck, Renato Bressan, Marcela Casarin, Cecília Delgado, Thalita Bastos, Potiguara Silveira Jr. São muitos.)

Li muitos livros, desde pequeno. Sempre achei que encontraria neles um sentido que buscava para as coisas. O mais importante foi *Grande Sertão: Veredas*, do Guimarães Rosa, que me tornou um homem mais atento para o mundo. Riobaldo, em certo momento de sua travessia, diz: "Mestre não é aquele que ensina, mas aquele que de repente aprende." Talvez seja um pouco assim mesmo.

A atenção sobre a realidade me fez encarar algumas coisas com estranhamento. O interesse pelas relações humanas de toda ordem (sociais, políticas e culturais), no âmbito da comunicação, me levou a estudar jornalismo político, cidadania e construção de identidades. A presença constante dos meios de comunicação no cenário atual desenhou novas sociabilidades. Isso significa novas formas de fazer política, de pensar o humano, de entender o mundo e de construir a própria identidade. Mas será que esse novo é tão novo assim? Ou ainda, será que esse novo é para todos ou por todos? Compreender as novas e velhas relações de cidadania faz-se necessário em uma era em que as contradições se acentuam e a política é vista com descrédito.

Essa abordagem da comunicação envolve interdisciplinaridade e abertura de conceitos. Há um perigo nisso: diluir a área na interface com as demais e não definir com precisão o objeto de estudo. Mas esse é risco necessário para entender de forma mais abrangente, em toda a sua dinâmica, uma realidade que não é estática. Minhas relações se deram com as áreas de filosofia política, sociologia, antropologia e ciência política. Ao seguir por essa busca, a matriz de pensamento que mais se destacou foi a do alemão Jürguen Harbemas (também ele faz a mediação com o suporte de várias ciências), em seus estudos da esfera pública, da ação comunicativa e de uma racionalidade norteadora da conduta humana (uma razão que não seja baseada em instrumentalização, mas na prática do consenso).

Qualquer coisa que eu fiz ou farei só é possível por ter convivido com as pessoas com que convivi. Nasci em Cataguases, em 1987. Mudei-me para Leopoldina aos 15 anos. Durante toda minha vida estudei em escola pública. Aos 18 anos, fui para a universidade em Juiz de Fora.

Algumas pessoas me ensinaram coisas marcantes (conforme a frase famosa de Riobaldo já citada): Douglas Rocha, ensinou-me a amar com verdade um irmão que não somos; Lícia Oliveira, ensinou-me que não estou sozinho no mundo, pois ela é minha companheira de estrada (sempre); Paulo José Monteiro, que a luta pela alegria é digna; e Ana Carolina Cirino, que uma opinião defendida com amor vencerá. E todos eles me ensinaram que eu não estava errado ao acreditar no jornalismo: é possível sim agir dignamente sobre o mundo como jornalista. É o que espero deles quando sairmos da universidade.

O olhar de questionamento sobre o mundo partiu de minha infância. Escrevia desde pequeno. Meu pai é um pequeno produtor de leite, em Leopoldina, e minha mãe, uma dona-de-casa formada em Letras. Geni e Luiz me criaram com dignidade. Agradeço a meus dois irmãos, João e Luiza, que dão um sentido a todo meu trabalho.

Um trabalho que requer constante disposição para refletir e ânimo para não aceitar as condições dominantes. O papel do jornalista hoje não é o do revolucionário de esquerda que foi muitas vezes no passado, nem o de conformista convicto que reafirma as desigualdades. Cabenos trabalhar pela conquista de espaços, no âmbito da intelectualidade e da cultura, por condições de justiça e solidariedade (conforme o pensamento de Antonio Gramsci, de que os intelectuais agem sobre a cultura e, a partir daí, sobre o mundo). Um trabalho de reflexão e ação.

2.1. 2. As Charges do Profeta: Dilemas da Liberdade de Imprensa na Era da Globalização

Luiz Felipe Ferreira Stevanim
(Universidade Federal de Juiz de Fora – Faculdade de Comunicação Social – Programa de Educação Tutorial (MEC/Sesu)

Resumo

Este artigo teórico se propõe a analisar o conceito de liberdade de imprensa e suas modificações no atual cenário geopolítico. Para tanto, parte de um problema concreto: os recentes protestos de um número elevado da comunidade islâmica contra a publicação das 12 charges do profeta Muhammad. O que ficou em jogo nessa série de protestos foi a viabilidade do ideal de *globalização*. Pretende-se, portanto, pensar a liberdade de imprensa, apregoada como direito universal do homem, diante das novas tecnologias comunicacionais, de um ambiente modificado de socialibidade e da prática jornalística advinda desse contexto, no qual muitos conflitos se intensificam.

Palavras-chave

Liberdade de imprensa; globalização; islamismo.

1. Liberdade para todos?

Em 1789, os franceses deflagraram o movimento revolucionário aos gritos de "Liberdade, Igualdade e Fraternidade". Pensavam estar inaugurando uma nova era e, de fato, consolidava-se ali a ascensão política da burguesia e, portanto, dos valores caros a ela – por exemplo, o de liberdade de imprensa, usado pelos jornais burgueses para sustentar suas críticas à velha ordem.

Após a Segunda Guerra Mundial, o princípio de liberdade seria consagrado pela Assembléia das Nações Unidas, na Declaração Universal dos Direitos Humanos. O que se celebra é que "todo o homem tem direito à liberdade de opinião e expressão"[1], além de qualquer fronteira. A declaração parecia antecipar o ideal que, sobretudo a partir dos anos 80 do século XX, seria uma espécie de "fetiche do mundo global": de que todos passam a ter direito de fala, numa democracia planetária ampliada, superior a fronteiras e credos.

Entretanto, as contradições sempre foram indissociáveis ao conceito de liberdade de imprensa. Com um novo ambiente social, construído no pós-guerra, mas sobretudo nas décadas finais do século XX e nos primeiros anos do século XXI, esse conceito poderá ser encarado da mesma forma? Será realmente que a liberdade de todos no discurso é a liberdade de todos na prática?

Doze charges do profeta Muhammad, publicadas pela primeira vez no jornal dinamarquês *Jyllands-Posten*, em 30 de setembro de 2005, trouxeram à tona uma discussão que estava latente: por que o islamismo é o principal alvo das investidas da imprensa ocidental? Setores da opinião pública em países da Europa e nos Estados Unidos defenderam a publicação das charges polêmicas, em nome da liberdade de expressão. Porém, é talvez pertinente questionar se mesmo no Ocidente essa liberdade em algum momento existiu de modo pleno, como preconizada enquanto ideal.

A chamada "globalização da democracia" é um processo mais idealizado que efetivo. De um lado, está a utopia de um mundo interligado por redes eletrônicas de comunicação; de outro, a eclosão de novos contextos e a impossibilidade de se resolver suas contradições e malentendidos. Cabe-nos questionar até que ponto o conceito de liberdade de imprensa, arraigado como de fato está na cultura ocidental, poderá

---

[1] Artigo 19º da Declaração Universal dos Direitos Humanos.

ser pensado no contexto atual, em que crescentes embates opõem nações e religiões. Quanto mais a realidade da comunicação mundializada se apresenta, mais conflitos culturais indicam as contradições subjacentes ao conceito de liberdade de imprensa. O objetivo do presente artigo é apontar algumas contradições na contemporaneidade.

2. As modificações do conceito de liberdade de imprensa: da liberdade burguesa ao mundo global "sem fronteiras"

O conceito de liberdade de imprensa firma-se como um direito fundamental do homem no contexto de consolidação da ordem burguesa, na Europa do século XVIII. Mas já no seu surgimento, mostra-se parcial e limitado: é um direito do homem, mas não de todos os homens.

Embora apareça como instrumento de contestação utilizado pela burguesia, então em busca do poder político, não serão todos os limites por ela questionados. Segundo Jürguen Habermas (1984, p.215), é um público pensante que desenvolve uma imprensa ativa e politizada, que assume o papel de transformadora da ordem política. Entretanto, não há interesse em realizar qualquer alteração no terreno social, mesmo porque o público pensante e *falante* é a elite econômica. Pode-se questionar por que certos interesses serão privilegiados e outros não. Habermas não foge a essa questão, percebendo que

> a formação de uma opinião pública em sentido estrito não é garantida efetivamente pelo fato de que qualquer um poderia expressar livremente a sua opinião e fundar o seu jornal (HABERMAS, 1984, p.264).

Quando não há mais o que contestar, ou seja, quando o Estado de Direito Burguês se vê economicamente hegemônico e politicamente consolidado, a imprensa burguesa "pode abandonar a sua posição polêmica e assumir as chances de lucro de uma empresa comercial" (HABERMAS, 1984, p.216). Transfere o seu caráter da contestação para a afirmação da ordem, tendo como princípio de legitimidade a liberdade de imprensa, que passou a ser um discurso freqüente nos circuitos do saber e nos meios de informação ocidentais.

Desde sua origem, portanto, é um conceito que se mostra generalizante e universal. Afirma-se como um direito de todos, desde que possuam condições materiais de expressão. Entretanto, ainda sendo na prática limitado, tem a falsa aparência teórica de ser válido para todos os homens em todas as situações, o que provocou sua mitificação como discurso de legitimidade.

Celebrada como direito fundamental, a liberdade de imprensa passou a significar a superioridade de um dogma ocidental sobre qualquer limite. Enquanto discurso, ficou aceito como verdade inquestionável o direito universal do homem à livre expressão, quando na realidade não passava do direito de uma minoria. As empresas jornalísticas ocidentais, especialmente européias e norte-americanas, assumiram esse princípio como sua bandeira e os jornalistas passaram a utilizá-lo para validar suas ações.

Com as novas redes de comunicação e informação, discute-se a possibilidade de um modelo em que todos possam falar, o que significaria a efetiva democratização de um direito que nasceu com discurso democrático, mesmo que na prática houvesse limites para seu exercício. O ideal liberalista que se desenvolveu a partir do século XVIII, com altos e baixos, chega ao século XXI em plena forma e aproveita-se da euforia de uma era dita global para se fortalecer, quando a liberdade (sobretudo a livre expressão do pensamento) encontraria, segundo uma perspectiva otimista, um terreno promissor, favorecido pelas novas tecnologias.

Alguns autores que abordam o tema da globalização acreditam que existe um exagero emocional em certas posições, principalmente por parte daqueles que se veriam favorecidos pela circulação em larga escala de bens, capitais e mensagens. Peter Berger e Jesús Martín-Barbero, apesar da distância ideológica, concordam que a globalização é "identificada por alguns com a única grande utopia possível, a de um só mundo compartilhado", nas palavras de Barbero (2004, p.57-58), ou que "para alguns, ela implica a promessa de uma sociedade civil internacional, levando a uma nova era de paz e democratização", segundo Berger (2004, p.12).

O fato é que, num modo simplista de enxergar o mundo, a globalização é vista por muitos setores como um potencializador de contatos, facilitando o intercâmbio e a homogeneização das culturas e permitindo amplas possibilidades de diálogo, sobretudo através das redes eletrônicas de comunicação.

Na prática, isso se manifesta quando princípios morais, religiosos ou ideológicos ocidentais são impostos a outras culturas não-ocidentais, muitas vezes pela força. É o caso de idéias como democracia e liberdade de imprensa, ocidentais por natureza, que são encarnadas como dogmas por certos líderes do Ocidente e pregadas com o mesmo fundamentalismo supostamente oriental – por exemplo, o islâmico.

Como a liberdade de imprensa é, por definição, ilimitada, pode-se dar o luxo de um ataque explícito a um dogma alheio, como o preceito religioso mulçumano de não se representar a imagem do profeta Muhammad. A reação violenta em grande parte do mundo islâmico contra a publicação das 12 charges levanta a hipótese de que nenhum conceito é universal, ainda que no discurso alguns pretendam sê-lo.

A conexão do mundo em redes digitais ampliou a abrangência do discurso liberal, transformando-o numa preconizada *realidade* global. De fato, numa espiral infinita em que ter algo é apenas um estímulo para desejar mais, a liberdade passa a ser uma necessidade. "A liberdade de escolha assenta na multiplicidade de possibilidades" (BAUMAN, 1998, p.175). Esse excesso de liberdade concedida, no que se convencionou chamar de pós-modernidade, pode confundir as opiniões e gerar atitudes conflituosas.

Bauman (1998), ao perceber a liberdade pós-moderna como um excesso de variáveis a serem escolhidas, parece estar falando do cenário advindo da tecnologia do hipertexto e de redes virtuais mundialmente integradas. No entanto, o discurso da liberdade (e isso talvez não tenha ficado claro para o sociólogo polonês) é construído desde a modernidade, com as Revoluções Burguesas, mas sobretudo com o nascimento de um jornalismo liberal. O que acontece no contexto atual (pós-moderno, para Bauman) é que esse discurso encontrou um correspondente na realidade e se fortaleceu.

Para os defensores de um "mundo sem fronteiras", é o cenário perfeito para o desenvolvimento de uma sociedade democrática e livre, o que até então havia sido apenas um discurso que legitimava a ação de minorias privilegiadas.

Entretanto, esse mesmo intercâmbio cultural, por facilitar o contato entre os diferentes, potencializa as discussões e, em muitos casos, as polêmicas. O que era para ser uma "era de paz e democratização" pode provocar novas modalidades de conflitos, o que Samuel Huntington (1997) chama de "choque de civilizações". A compreensão moral e política não acompanha o avanço da tecnologia (ARENDT, 1997, p.13-14). O caso das charges é um exemplo das contradições culturais entre o ideal de mundo globalizado e a realidade por ele engendrada.

3. A falência do conceito: limites para a liberdade

Quando o jornal *Jyllands-Posten* publicou as caricaturas do maior profeta do islamismo, houve reação de parte da opinião pública ocidental e de grupos islâmicos diante daquilo que seria mais um ataque do Ocidente – dos muitos que já ocorreram ao Oriente. Entretanto, essa observação pode ser precipitada, caso se leve em conta que aquilo que chamamos "Oriente" nem existiria de fato, "não está meramente *lá*", como nos atesta Edward W. Said (1990). Para ele, o Oriente aparece como criação e representação do Ocidente.

Said reconhece a visão ocidental de Oriente como um discurso, denominado *orientalismo*, que não é

> (...) representativo ou expressivo de um nefando complô imperialista "ocidental" para subjugar o mundo "oriental". É antes uma *distribuição* de consciência geopolítica em textos estéticos, eruditos, econômicos, sociológicos, históricos e filológicos; é uma *elaboração* não só de uma distribuição geográfica básica (o mundo é feito de duas metades, o Ocidente e o Oriente), como também de toda uma série de "interesses" (...), uma certa *vontade* ou *intenção* de entender, em alguns casos controlar, manipular e até incorporar, aquilo que é um mundo manifestamente diferente (...) (SAID, 1990, p.24).

A pergunta que cabe e que está latente na obra de Said é: a idéia que temos de Oriente é realmente uma idéia do Oriente? Em outras palavras, o modo como essa 'metade' do mundo nos aparece, muitas vezes tomada como exótica, é uma representação distorcida do que ela é na realidade, se é que ela existe na realidade?

Qualquer representação envolve critérios subjetivos daquele que representa sobre o que é representado. Por definição, o primeiro é o *quem* (agente) da sentença, enquanto o segundo é o *que* (paciente). Como representação, a caricatura é uma arte que exagera (BERGSON, 1993, p.31-32), um meio de destacar certas linhas em detrimento de outras, distorcendo, portanto, a imagem real.

O que as charges do profeta Muhammad evidenciaram foi uma visão distorcida que alguns setores da opinião pública ocidental possuem do "mundo" islâmico, se pensarmos que nem caberia aqui a palavra "mundo" ou "metade do mundo", posto que as diferenças entre regiões desse suposto conjunto cultural homogêneo são comparáveis às diferenças entre regiões "ocidentais" como México e Estados Unidos.

A reação islâmica contra a publicação das charges foi de encontro ao ideal de liberdade de imprensa (ou de expressão, em um sentido mais amplo), tomado como princípio sagrado pelos setores liberais da opinião pública ocidental, especialmente na Europa e nos Estados Unidos. Para esses setores, um preceito que tem o valor de um dogma foi desrespeitado pelos manifestantes, enquanto para esses o desrespeito foi da imprensa que publicou as charges.

Tanto a liberdade de imprensa quanto a proibição de se retratar a imagem de Muhammad são valores (ou dogmas), sagrados do mesmo modo, e ambos os lados não cedem no ataque. A potencialização dos contatos entre culturas diferentes, diante do estereótipo de um mundo global pleno, pode significar mais equívocos do que consensos.

Tal sucessão de ataques nos leva a uma pergunta essencial: por que a investida de parte da imprensa ocidental se deu contra o islamismo, se havia uma série de tabus no próprio Ocidente e na própria imprensa ocidental que nunca mereceram atenção? Essa contradição é inerente ao próprio conceito de liberdade de imprensa, que possui o histórico de um discurso não condizente com a realidade.

Mesmo em sua origem, o conceito burguês de liberdade de expressão do pensamento não questionava todos os tabus, privilegiando certos interesses (HABERMAS, 1984, p.264). Houve, ao longo de toda a sua evolução, a imposição de condições sociais, políticas, econômicas e culturais, que limitavam esse ideal teoricamente ilimitado, seja pela impossibilidade dos proletários do século XIX de possuírem um veículo de comunicação relevante, pela censura em regimes políticos institucionalmente fechados, ou pela submissão ao mercado que passa a ser o norteador da atividade jornalística a partir da virada do século XX (HABERMAS, 1984; PEREIRA, 2004).

A existência de limites materiais ao longo da história do jornalismo definiu os rumos da atividade, centralizada em mãos daqueles que possuíam recursos econômicos para financiá-la. O magnata do jornalismo brasileiro entre as décadas de 10 e 60, Assis Chateaubriand, imortalizou o bordão: "Quem quisesse ter opinião que comprasse um jornal" (MORAES, 1994, p.327).

Entretanto, certos limites à liberdade não podem ser analisados pelo enfoque da condição sociofinanceira, mas em relação a fatores de ordem cultural, como os tabus, estereótipos e valores próprios de qualquer cultura. As charges de Muhammad afrontaram tabus da religião islâmica, como o de não se representar a imagem do profeta, seja de modo distorcido ou não. É interessante notar que nenhum grande veículo ocidental pensou em publicar uma charge ironizando o 11 de setembro nos dias que se seguiram ao atentado.

Certos temas no Ocidente são assuntos intratáveis ou preceitos inquestionáveis. Uma das respostas às charges do profeta foi o concurso convocado pelo mais importante diário do Irã, o *Hamshahri*, com caricaturas tematizando o Holocausto. Tal fato nos mostra que esse tema é um assunto sensível para o Ocidente.

O ataque mútuo aos dogmas alheios e ao valor do sagrado está acompanhado da negligência para com os próprios dogmas e questões obscuras. Em ambos os lados. Dos ataques, o mais freqüente é enxergar o outro como fanático. Alain Finkienkraut, em artigo recente[2], não escapa dessa freqüência e cunha a expressão "fanáticos sem fronteiras", que segundo ele seriam minorias fundamentalistas que "globalizam o ódio" aderindo à jihad.

"Por que jamais surgiu uma manifestação no mundo islâmico contra os sangrentos massacres em Nova York, Madri, Mombaça, Bali e outras cidades?" (**FINKIELKRAUT**, 2006, p.05) – é o que Alain se pergunta. Nesse caso, Alain Finkienkraut inverteu as posições. Por que não lhe ocorreu questionar que talvez alguns dos "nossos" sejam tão ou mais fanáticos que as "turbas furiosas" de manifestantes contra as charges? Por que não pensar o papel de um Bush potencialmente mais nocivo à humanidade do que o de um Ahmadinejad? O terrorismo talvez não esteja apenas do outro lado – se é que o outro lado não se trata apenas de uma invenção de posições extremistas.

4. As contradições entre o discurso e a prática: liberdade de quem?

A liberdade, lembra Bauman (1998, p.40), depende de quem é mais forte. Como conceito contraditório em sua natureza, a liberdade de expressão sempre funcionou atenta para o distante e cega para o próprio. As informações sobre a Guerra do Iraque que chegavam à imprensa de todo o mundo eram duramente controladas pelo exército norte-americano (PESTANA, 2005). Nos EUA, um jornal que criticasse a guerra empreendida por George W. Bush seria acusado de antipatriótico.

Essa postura prática, é óbvio, vai de encontro ao que o conceito de liberdade simboliza como ideal. Teoricamente, o direito de livre expressão é universal, mas sua implementação na realidade encontra limites materiais (quem não tem condições materiais de fala, não tem

---

[2] Este artigo foi inicialmente publicado no jornal *Libération* e republicado no caderno "Mais!" da *Folha de S.Paulo*, no especial do dia 12 de fevereiro de 2006 sobre a polêmica das charges (que saiu com o título "Cartoon Network"). O artigo tem tradução de Paulo Migliacci. O jornal brasileiro ainda publicou um artigo do estudioso da religião Daniel Dennett, uma entrevista com o escritor Jack Miles e outra com o historiador norte-americano Robert Darnton.

liberdade de opinião) e limites dogmáticos (certos tabus não são questionados). Esse hiato é contornado em parte por procedimentos através dos quais o jornalismo e os jornalistas tentam se mostrar comprometidos com a verdade e com a liberdade.

Em geral, isso se dá por um caminho alternativo encontrado pelos jornalistas para enfrentar as limitações da profissão (BREED, 1993, p.164), seja ao "manter-se no emprego mas limando as arestas sempre que possível" ou tentando "compensar, 'vingando-se' noutros contextos, escrevendo 'a verdade' para publicações liberais ou trabalhando com o sindicato". Essa questão, brilhantemente analisada pela Teoria Organizacional do Jornalismo, considera apenas as alternativas encontradas pelos profissionais como indivíduos. Porém, não haveria em toda a sociedade civil uma tentativa manifesta de superar o abismo que há entre o discurso e a prática do ideal de liberdade de imprensa?

Tal incompatibilidade entre "os valores promovidos na discussão pública" e "aqueles cuja causa é servida pela prática política" foi percebida por Bauman (1998, p.83) como uma contradição da democracia, sistema que para ele é "condição necessária", mas não "condição suficiente" de uma ação pública satisfatória.

> Repulsa à guerra, aversão à crueldade, execração do massacre, do estupro e da pilhagem são, atualmente, quase universais – todavia, guerras e genocídios em escala cada vez maior são possibilitados pela saturação de presentes e futuras facções antagônicas com armas modernas, cuja fabricação e venda são entusiasticamente promovidas por políticos e apoiadas por seus votantes, em nome do balanço nacional de pagamentos e da proteção de empregos (BAUMAN, 1998, p.83).

Promovida como valor universal, a democracia, assim como a liberdade de imprensa, talvez não seja suficiente, caso esteja isolada, para assegurar igualdade e liberdade. Certos valores, ainda que essencialmente pluralistas, se tomados de modo isolado serão promovidos a uma situação totalitária e entrarão em contradição. Conceitos como democracia e liberdade têm data e local de nascimento e, como tal, apresentam limites históricos e culturais – eles não são absolutos.

A promoção de certos conceitos em níveis mundiais leva a um processo de generalizações. A imagem que se tem do Islã foi generalizada, simplificada e promovida nos circuitos de informação do Ocidente e um conflito se solidificou entre as duas pretensas metades do mundo. Como observa Jack Miles em entrevista à *Folha de S.Paulo* (BUARQUE, 2006), muitos membros da comunidade islâmica desejam e aceitam as liberdades civis "institucionalizadas pelo Ocidente".

O Islã não é incompatível com a liberalização dos mercados: veja-se o caso da Turquia e Indonésia, países mulçumanos e modernizadores (BERGER; HUNTINGTON, 2004, p.24, 331-355). Mas uma visão difundida a partir de certos líderes ocidentais passou a ver todo o mundo islâmico como reduto de fundamentalistas.

Uma visão distorcida do Oriente assume uma dimensão discursiva sólida em meio à "moderna cultura político-intelectual" (SAID, 1990, p.24). Essa é também a opinião de Ortega y Gasset (1989), que enxerga uma compreensão do "outro" por parte dos europeus pré-modernos diferente da que nos foi legada pelos ideais eurocentristas da Idade Moderna, dentre eles os princípios de liberdade e igualdade.

No ambiente descentralizado da Europa do século XV, especialmente na Espanha, os outros (sejam árabes ou judeus) são "realidades com pleno direito, em sua classe ou posto determinado – dentro do hierárquico pluralismo do universo" (ORTEGA Y GASSET, 1989, p.172). O homem moderno, centralizador por natureza, se afirma pela negação do outro (na prática) e pela universalização de si próprio (no discurso).

> E, com efeito, a expulsão de judeus e mouros é uma idéia tipicamente moderna. O [homem] moderno crê que pode suprimir realidades e construir o mundo a seu gosto em nome de uma idéia (ORTEGA Y GASSET, 1989, p.172).

Essa idéia pode receber o nome de preconceito ou conceito, como é o caso da liberdade de imprensa, que faz parte da construção de toda uma retórica discursiva em benefício da mentalidade tipicamente ocidental e burguesa.

Não se pode esquecer da hostilidade contra árabes e judeus anterior à época que se convencionou chamar de modernidade, como o movimento das cruzadas já na Europa do século XII. Entretanto, é possível afirmar que o discurso de liberdade elaborado na Era Moderna fez fortalecer a identidade de um "sujeito do Iluminismo" (HALL, 2004, p.10), chamado de *homem ocidental*, mas pretensamente *universal*, e, portanto, hostil a tudo que lhe era alheio.

O discurso moderno construiu uma realidade ideal, que até hoje nos tem servido de meta. A liberdade é algo a ser buscado sem cessar, ainda que nunca seja plenamente alcançado. Em jornalismo, funciona como a objetividade: "Não existe objetividade em jornalismo. (...) Isso não o exime [o jornalista], da obrigação de ser o mais objetivo possível" (FOLHA, 2001, p.45).

Não seria muito inocente pensar que a sociedade civil não se incomoda com a distância entre ideais e ações? O direito de liberdade de imprensa partiu de um público de elite, mas com o discurso de ser patrimônio de um público universal. Mesmo reconhecendo a incompletude e a deficiência desse direito, sociedades civis no mundo todo adotaram-no como um de seus pressupostos, numa tentativa cada vez mais nítida de concretizar esse ideal.

Diante do crescimento do neoliberalismo, setores importantes no mundo todo começaram a pensar no que se perdia com a globalização dos mercados, sobretudo em termos da falência das condições de vida de grandes contingentes populacionais. Esse repensar do social por parte do que se chamou *sociedade civil* se deu sobretudo a partir da década de 80 do século XX, mas como herança dos movimentos sociais do início do século e da socialdemocracia.

Uma esfera pública ampliada em níveis mundiais reivindica a legitimidade das "mais heterogêneas manifestações de grupos, organismos não-governamentais, empresas privadas e até indivíduos" (CANCLINI, 1995, p.33). A atuação em diversas frentes de organismos a favor dos direitos humanos é reação explícita e política alternativa ao crescente poder do sistema neoliberal. Além disso, pela defesa de direitos que até então existiram plenamente apenas como ideal (dentre eles, a liberdade de imprensa), esse movimento pode significar uma tentativa ainda não muito clara de reverter um processo que perpassou toda a história moderna do Ocidente.

5. Conclusão

A série de protestos contra a publicação das charges revelou aspectos inquietantes do contexto atual, que deverão ser agenda nas discussões para os próximos anos. O termo *globalização* ainda não está claro para os que supostamente o vivenciam na prática: se há uma abertura dos mercados, parece não haver o mesmo em termos de valores e conceitos. A liberdade de imprensa vale para uma certa sociedade, mas a imposição pela força desse princípio às demais culturas significará a intensificação dos conflitos e mal-entendidos.

A imagem do Islã divulgada nos grandes veículos de comunicação do Ocidente é uma distorção, porém sua origem não é recente: no mínimo ao longo de toda a história moderna, o Ocidente representou o Oriente de modo caricatural e exótico, num discurso denominado *orientalismo* (SAID, 1990). Essa representação está entrelaçada à evolução do conceito de liberdade de imprensa, um direito de crítica do homem ocidental, exercitado na prática jornalística sobre o outro e não sobre si próprio.

Não há democracia sem livre discussão de idéias – essa é uma premissa central da globalização. Desse modo, os ideais de democracia mundial, liberdade de expressão e paz global tornaram-se os pontos centrais dos discursos tanto dos neoliberais quanto daqueles que tentam reagir às conseqüências negativas de políticas desregularizadoras. São sintomas desse processo: a movimentação cada vez maior da sociedade civil em torno de organizações não-governamentais, instituições e grupos defensores dos direitos humanos, mas sobretudo a esperança de uma nova era de "paz e democracia" supostamente advinda de um mundo unido por redes eletrônicas de comunicação.

Assim, sob a defesa expressa da democracia, o discurso é justamente o de diminuir a distância entre o ideal e a prática da liberdade e edificar um "mundo global pleno". Mas apenas a liberdade não basta.

O que se viu recentemente foram charges agressivas à cultura islâmica, publicadas em nome da liberdade de imprensa, gerarem protestos sangrentos em defesa de tradições culturais e religiosas. Os mal-entendidos são fruto da incapacidade de encarar a diversidade, tomando certos preceitos isoladamente. Democracia, liberdade e fé podem ser altamente nocivas se encaradas como solução extrema. "Mas sem solidariedade, (...) nenhuma liberdade é segura" (BAUMAN, 1998, p.256).

De fato, novas condições sociais foram geradas por essa situação inédita de comunicação em níveis mundiais. Nesse contexto, o exercício continuado da liberdade só ganha sentido se aliado a uma ética comunitária consistente. Mas ainda isso parece ser apenas um discurso.

Referências

ARENDT, Hannah. *A condição humana.* Tradução de Roberto Raposo. Rio de Janeiro: Forense Universitária, 1997.

ASSEMBLÉIA DAS NAÇÕES UNIDAS. *Declaração Universal dos Direitos Humanos.* Disponível em: <http://www.amnistia-internacional.pt/sobre_ai/dudh/dudh1.php> Acesso: 08 maio 2006.

BAUMAN, Zygmunt. *O mal-estar da pós-modernidade.* Tradução de Mauro Gama e Cláudia Martinelli Gama. Rio de Janeiro: Jorge Zahar Ed., 1998.

BERGER, Peter; HUNTINGTON, Samuel (org.). *Muitas Globalizações: Diversidade Cultural no Mundo Contemporâneo.* Tradução de Alexandre Martins. Rio de Janeiro: Record, 2004.

BERGSON, Henri. *O Riso: Ensaio sobre o significado do cómico.* Tradução de Guilherme de Castilho. Lisboa: Guimarães Editores, 1993.

BREED, Warren. Controlo social na redacção: uma análise funcional. *In*: TRAQUINA, Nelson. *Jornalismo: questões, teorias e "estórias".* Lisboa: Veja, 1993, p. 152-166.

BUARQUE, Daniel. Menos é mais (entrevista com Jack Miles). *Folha de S.Paulo:* Mais!. São Paulo: Grupo Folha, 12 fev. 2006.

CANCLINI, Nestor García. *A Globalização Imaginada.* São Paulo: Iluminuras, 2003.

———. *Consumidores e Cidadãos.* Rio de Janeiro: Editora UFRJ, 1995.

FINKIELKRAUT, Alain. Fanáticos sem fronteiras. Tradução de Paulo Migliacci. *Folha de S.Paulo*: Mais!. São Paulo: Grupo Folha, 12 fev. 2006.

FOLHA DE S.PAULO. *Manual da Folha*. São Paulo: Publifolha, 2001.

HABERMAS, Jürgen. *Mudança estrutural da esfera pública: investigações quanto a uma categoria da sociedade burguesa*. Tradução de Flávio R. Kothe. Rio de Janeiro: Tempo Brasileiro, 1984.

HALL, Stuart. *A identidade cultural na pós-modernidade*. Tradução de Tomaz Tadeu Silva e Guaracira Lopes Louro. Rio de Janeiro: DP&A, 2002.

HUNTINGTON, Samuel. *O choque de civilizações e a recomposição da ordem mundial*. Tradução de MHC Côrtes. Rio de Janeiro: Objetiva, 1997.

MARTÍN-BARBERO, Jesús. Globalização comunicacional e transformação cultural. *In*: MORAES, Dênis. *Por uma outra comunicação: Mídia, mundialização cultural e poder*. Rio de Janeiro: Record, 2004, p. 57-86.

MORAES, Fernando. *Chatô: O Rei do Brasil*. São Paulo: Companhia das Letras, 1994.

ORTEGA Y GASSET, José. *Em torno a Galileu: Esquema das crises*. Petrópolis, RJ: Vozes, 1989.

PEREIRA, Fábio Henrique. *Da responsabilidade social ao jornalismo de mercado: o jornalismo como profissão*. Corvilhão (Portugal): BOCC - Biblioteca On-line das Ciências da Comunicação, 2004. Disponível em <http://www.bocc.ubi.pt/pag/ pereira-fabio-responsabilidade-jornalista.html> Acesso em 30 abril 2006.

PESTANA, Carlos Eduardo. *Invasão no Iraque: Manifestações, censuras e mentiras da imprensa nos EUA*. Editora Canudos: São Paulo, 2005.

SAID, Edward W. *Orientalismo: o Oriente como invenção do Ocidente*. Tradução de Tomás Rosa Bueno. São Paulo: Companhia das Letras, 1990.

2.1.3. Pelo Prazer de Pensar

Paulo Robert Figueira Leal (UFJF)[1]

Tive a honra de orientar o trabalho de Luiz Felipe Ferreira Stevanim, meu querido aluno e bolsista de iniciação científica no PET da Facom-UFJF. Vivemos hoje, no mundo acadêmico, uma incessante pressão por produtividade, volume de publicações, metas quantitativas. Por vezes, chegamos mesmo a deixar em segundo plano uma premissa fundamental (e que jovens talentosos e compromissados como Luiz Felipe fazem questão de nos relembrar): pensar é prazeroso. E pensar livremente e de modo questionador, além de divertido, é imprescindível para a produção de uma ciência que mereça de fato ser assim chamada.

A partir da espontaneidade e da curiosidade intelectual de estudantes como Luiz Felipe, somos felizmente forçados a não nos olvidar das razões pelas quais também nós começamos a escrever. Recordamo-nos que a maravilha da produção do conhecimento se dá quando olhamos para velhos objetos de pesquisa, naturalizados pelos discursos hegemônicos, e fazemos livremente uma pergunta crucial: por quê?

Esta é uma das grandes qualidades do trabalho *As charges do profeta: dilemas da liberdade de imprensa na era da globalização*. Diante das supostas verdades há muito preestabelecidas, Luiz Felipe ousa per-

---

[1] Doutor e mestre em Ciência Política pelo Iuperj, jornalista pela UFRJ. Professor adjunto da Facom-UFJF. Autor dos livros *O PT e o dilema da representação política* (Editora da Fundação Getúlio Vargas, 2005) e *Os debates petistas no final dos anos 90* (Editora Sotese, 2004).

guntar: é assim mesmo? Por quê? "O Ocidente valoriza a liberdade de expressão e o Oriente se organiza por dogmas fundamentalistas", diz o discurso hegemônico do senso comum. É assim mesmo? Por quê? Existe efetiva e absoluta liberdade de imprensa em algum lugar do mundo? Existe um Oriente unificado ou ele é apenas uma construção simbólica feita pelo Ocidente? A globalização é realmente uma oportunidade de (re) conhecimento mútuo entre as variadas culturas?

São essas perguntas, são esses questionamentos, são essas inquietantes recusas das respostas prontas e acabadas (respostas ao mesmo tempo fáceis e enganosas) que fazem do trabalho de Luiz Felipe uma produção relevante. Ali se constrói um diálogo entre autores fundamentais, ali se organiza uma bem urdida conexão lógica entre os distintos elementos, ali se escreve um texto simples – sem ser simplista – e claro – sem ser superficial.

Luiz Felipe nos lembra, a partir de Habermas, que a liberdade de imprensa é uma construção histórica – tem data de nascimento e referencia-se a um determinado contexto sociopolítico. Ao recusar a absolutização do conceito, mostra-nos seus limites num caso específico: a crítica da mídia ocidental à reação de setores muçulmanos (que protestaram contra a publicação das charges do profeta Muhammad, veiculadas inicialmente no jornal dinamarquês *Jyllands-Posten*, em 2005). Seria a mídia ocidental tão ciosa da liberdade de imprensa em relação aos dogmas do próprio Ocidente?

A resposta é negativa: tal como no mundo muçulmano, o Ocidente tem seus próprios temas-tabu, em relação aos quais não se admite a exposição do contraditório. Projetar no "outro" (e freqüentemente um "outro" que não existe efetivamente, mas que é uma construção simbólica estereotipada) todos os equívocos é o primeiro passo para a intolerância. E, diga-se de passagem, uma intolerância que recorrentemente acusa a alteridade sem fazer o equivalente esforço de olhar com sinceridade para a própria identidade.

Ou seja, *As charges do profeta* é um trabalho que ousa recusar a solução reconfortante (porque reducionista) – há considerável distância entre um belo conceito, como o de liberdade de imprensa, e sua efetiva aplicabilidade no mundo. Luiz Felipe ousa recusar a resposta tradicional e, ousadia máxima para uma era que patologicamente procura verdades perenes e universais, ousa refletir livremente. Refletir: verbo fundamental para nós, mas negligenciado sempre que alçamos a necessária e indispensável produtividade acadêmica à condição de único critério validador das qualidades acadêmicas.

Só tenho a agradecer a Luiz Felipe. Pela honra de ter me escolhido como orientador. Pelo rigoroso e competente cumprimento das sugestões de leitura. Pela argumentação instigante. Mas, sobretudo, pela reiterada demonstração de que escrever artigos acadêmicos é tão mais relevante quanto mais nos libertamos de respostas prontas – como já dizia o poeta espanhol António Machado: "*Caminante, no hay camino, se hace el camino al andar*". Devemos, cada vez mais, treinar o olhar para "desnaturalizar" e problematizar objetos de pesquisa, cada vez mais oferecer perguntas novas e instigantes para discussões ancoradas em respostas tradicionais que caducaram. Pensar, definitivamente, pode ser um ato criativo extremamente prazeroso.

2.2. Prêmio Lígia Averbuck

2.2.1. Meu Interesse pela Linguagem Audiovisual

Ana Laura Moura dos Santos Azevedo

Apesar de ter nascido em São Paulo, capital, cresci no Vale do Paraíba, mais especificamente na cidade de Lorena-SP. Devo muito do que sou ao fato de ter passado a infância e a adolescência em uma cidade pequena, mas desde que me entendo por gente sabia que sairia de lá para fazer faculdade.

Passei no vestibular da Universidade Estadual de uma cidade também de interior, mas já bem maior – Londrina-PR. Durante a vivência universitária, no curso de Comunicação Social/Jornalismo e especialmente fora dele, aprendi muito, e nessa época se definiram minha personalidade e minhas opiniões.

Eu praticamente passava o dia na universidade, em reuniões de Centro Acadêmico ou Diretório Central, ou de conselhos da universidade em que representava os estudantes, e, claro, em algumas atividades acadêmicas e projetos de Ensino, Pesquisa e Extensão.

Participei das duas greves que ocorreram enquanto eu estava no curso (uma de 45 dias no meu primeiro ano de faculdade e outra que durou seis meses, no final do segundo ano), e foram sem sombra de dúvida os períodos em que mais aprendi, inclusive sobre Comunicação Social, já que nos períodos mais mobilizados é que criamos o jornal do Centro Acadêmico (ComunicaUEL) e que participei de comissões de boletins de greve, jornais e divulgação, exercendo na prática funções sobre as quais eu "aprenderia" na faculdade apenas mais tarde.

Longe de diminuir meus interesses acadêmicos, a atuação no Movimento Estudantil me estimulou bastante à pesquisa em comunicação, e diversos temas instigavam meu interesse, mas já despontava como um assunto preferencial o estudo do audiovisual. Assim, um pouco depois do término da faculdade, enquanto eu trabalhava como assessora de imprensa em Londrina, fiz um curso em uma cidade próxima (Maringá-PR) sobre documentário audiovisual, e meu interesse pelo tema aumentou bastante.

Antes de partir para a elaboração de um projeto de Mestrado, decidi passar por um curso de especialização, e escolhi fazer Jornalismo Cultural na Metodista, em São Bernardo do Campo-SP. Na mesma época, consegui um emprego em uma editora técnica na cidade de São Paulo, em que trabalhava com projeto gráfico e diagramação de revistas e *webdesign*.

No curso de especialização, aumentou meu interesse em pesquisar sobre o audiovisual, já que uma das primeiras disciplinas ("Cultura e Visualidade"), a que achei mais interessante no curso, ministrada pelo professor Sério Rizzo, tratava justamente disso.

O principal assunto tratado na disciplina foi a linguagem audiovisual, especialmente a empregada no chamado cinema narrativo clássico, que desenvolveu a maioria dos procedimentos narrativos empregados no cinema hegemônico atualmente, o hollywoodiano. Com certo espanto, observei aquelas mesmas características que estudávamos em um jogo de *videogame*, e percebi que essa relação se tratava de um tema que poderia ser estudado a fundo.

Assim, entreguei como trabalho final da disciplina um artigo sobre as características do jogo que tornam seus procedimentos narrativos condizentes com os utilizados nas grandes produções hollywoodianas, e apresentei no Intercom 2006 (no evento Altercom) uma adaptação deste artigo, que foi contemplada com o Prêmio Lígia Averbuck.

Acredito que, além da premiação em si e da publicação do artigo que segue como capítulo de livro, o recebimento deste prêmio indica a validade deste campo de estudo e me abre a perspectiva de realização de pesquisas mais aprofundadas sobre o tema.

Continuo trabalhando com projeto gráfico, diagramação e *webdesign*, agora como editora de Arte de um jornal produzido na Zona Oeste da região metropolitana de São Paulo. Espero cursar no primeiro semestre de 2007 uma disciplina do Mestrado em Ciências da Comunicação da Escola de Comunicações e Artes da USP como aluna especial, e elaborar um projeto de Mestrado para inscrever no final deste ano.

2.2.2. Características do Cinema Narrativo Clássico em um Jogo de *Videogame*[1]

Ana Laura Moura dos Santos Azevedo[2]
Universidade Metodista de São Paulo

Resumo

O uso da tecnologia digital na produção audiovisual abre diversas discussões sobre os impactos que podem ser acarretados tanto à linguagem e aos conteúdos quanto à produção e à indústria propriamente dita. Enquanto grandes conglomerados relutam em aplicá-las totalmente, as tecnologias digitais, nos filmes de animação e *videogames*, são empregadas largamente, em alguns momentos mais aumentando a identificação com procedimentos já consolidados no cinema hegemônico do que enriquecendo a linguagem audiovisual. Este trabalho, adaptado do artigo apresentado à disciplina Cultura e Visualidade do Curso de Especialização em Jornalismo Cultural da Umesp, analisa os momentos não interativos do jogo de *videogame Metal Gear Solid: The Twin Snakes*, demonstrando que são condizentes com as características predominantes do cinema narrativo clássico, base do cinema hegemônico atualmente, o hollywoodiano.

---

[1] Trabalho apresentado na Altercom – Jornada de Inovações Midiáticas e Alternativas Comunicacionais.

[2] Especialista em Jornalismo Cultural pela Universidade Metodista de São Paulo – Umesp. Graduada em Comunicação Social/Jornalismo pela Universidade Estadual de Londrina – UEL (analauramoura@yahoo.com.br).

Palavras-chave

Audiovisual; linguagem; tecnologia digital; *videogame*; cinema.

Introdução

A evolução do cinema foi, desde o início, profundamente vinculada ao progresso técnico. A própria natureza desta arte/indústria faz com que as possibilidades de sua linguagem sejam diretamente ligadas à capacidade técnica.

Dessa forma, as alternativas do uso da tecnologia digital na produção audiovisual abrem diversas discussões sobre os impactos que podem ser acarretados tanto à linguagem e aos conteúdos quanto à produção e à indústria propriamente dita, assim como muito se discutiu o advento do som e das cores e mais tarde a introdução das tecnologias eletrônicas analógicas[3].

Em meio a debates sobre as possíveis implicações no sentido de uma maior democratização da produção cinematográfica, e quanto à facilitação da pirataria e reconfiguração do esquema produção-distribuição-exibição de filmes, os grandes conglomerados relutam em se abrir totalmente à aplicação da tecnologia digital, por temerem a extinção de diversos de seus ramos, caso ela se implante totalmente[4].

Porém, há dois setores do audiovisual em que a tecnologia digital vem sendo aplicada desde o seu surgimento, que são inclusive motores do seu desenvolvimento: os chamados filmes de animação e o *videogame*, ambos geralmente considerados mais como formas de entretenimento do que de comunicação e como voltados ao público infantil/adolescente, mas que, especialmente com o uso de novas tecnologias e maior complexidade dos enredos, voltam-se cada vez mais

---

[3] Sobre a discussão da introdução das cores e do som, cf. BAZIN, 1991. Em NUNES (1996), encontra-se uma discussão sistematizada do uso da eletrônica analógica.

[4] Cf. LUCA, 2004.

para o mesmo público adulto/infantilizado, que é o principal alvo do cinema hegemônico contemporâneo.

É em um dos produtos desta indústria que encontramos o objeto desta pesquisa: o jogo *Metal Gear Solid: The Twin Snakes*, produzido em conjunto pela empresa japonesa Konami Digital Enterteinment e a Silicon Knights, do Canadá, para o console Nintendo Game Cube, a partir de dois títulos que tiveram grande sucesso no Play Station orignal: *Metal Gear Solid* e *Metal Gear Solid 2: Sons of Liberty*. Com poucas alterações em termos de conteúdo, a nova versão foi bastante comentada por empregar inovações tecnológicas e ampliar os momentos "cinemáticos". Nestes momentos é que encontramos o elemento deste jogo que permite identificá-lo a um filme mais do que em geral é possível em relação a um jogo de *videogame*.

Diversos jogos têm momentos de filme, em que uma determinada ação em que o jogador não interfere se desencadeia na tela (em inglês, emprega-se normalmente o termo *cut-scenes* para designar estes trechos), mas, ainda que em casos transportados de obras originalmente cinematográficas, como *Homem Aranha* e *X Men 2 – Wolverine Revenge*, esses trechos servem como transições, geralmente curtas, para novos cenários e situações de jogo; não são predominantes. Mesmo no jogo *Enter the Matrix*, que traz cenas filmadas enquanto era rodado *Matrix Reloaded* que não foram incluídas no filme e complementam sua história (LUCA, 2004, pp. 212-214), os momentos de interação são predominantes aos de narração e são poucas as seqüências longas de filme.

Em *Metal Gear Solid: The Twin Snakes*, a presença de trechos em filme é tão predominante que a sensação que se tem ao jogar é a de que os momentos de interação é que são as transições que abrem caminho para a continuidade do filme. A sensação de "experiência cinemática" relatada em diversas das resenhas relativas ao jogo é reforçada ainda pela utilização sistemática das principais características do cinema narrativo clássico, que se cristalizou como predominante no cinema hollywoodiano.

Há também características externas aos procedimentos narrativos empregados no jogo que o aproximam de obras cinematográficas, como diretores que têm formação em cinema, divulgação através de *trailers*, utilização de recursos tecnológicos também usados em produções hollywoodianas, como animação digital e *motion capture*. Porém, nos atemos neste artigo à análise das características narrativas da apresentação da história que fazem do conjunto de *cut-scenes* do jogo um filme condizente com aspectos predominantes no cinema narrativo clássico.

1. Um filme para *videogame*

Definindo as características do sistema cinematográfico "consolidado depois de 1914, principalmente nos Estados Unidos", Ismail Xavier aponta, além da aplicação dos "princípios da montagem invisível", a produção do efeito *naturalista*, caracterizada por três elementos básicos:

> – a decupagem clássica apta a produzir o ilusionismo e deflagrar o mecanismo de identificação;
>
> – a elaboração de um método de interpretação dos atores dentro de princípios naturalistas, emoldurado por uma preferência pela filmagem em estúdios, com cenários também construídos de acordo com princípios naturalistas;
>
> – a escolha de estórias pertencentes a gêneros narrativos bastante estratificados em suas convenções de leitura fácil, e de popularidade comprovada por larga tradição de melodramas, aventuras, estórias fantásticas, etc. (XAVIER, 1977, p. 31, *sic*).

O autor continua com a conclusão de que "tudo neste cinema caminha em direção ao controle total da realidade criada pelas imagens", no que a animação digital chega a ter vantagem em relação ao cinema tradicional, desde que as tecnologias que comentamos na introdução permitiram uma verossimilhança maior às imagens produzidas por computador.

Como as cenas não são compostas de atores ou cenários reais, mas, sim, de representações digitais, existe o controle total mesmo dos cenários em campo aberto e do clima e a possibilidade de fazer qualquer tipo de mudança não apenas durante a produção, mas mesmo depois que as seqüências já estão prontas. Permite-se a "criação de cenografia, luz, sonorização, efeitos e até mesmo a introdução de novos personagens ou elementos na cena, sem que ocorra perda da qualidade da imagem originalmente captada" (LUCA, 2004, p. 204).

É importante frisar que, quando se fala de *naturalismo* ou *realismo* no cinema, não se pretende a vinculação à tradição destes termos em movimentos literários, e sim a caracterização da "construção de espaço cujo esforço se dá na direção de uma reprodução fiel das aparências imediatas do mundo físico" (XAVIER, 1977, p. 31), que Jacques Aumont (2004, p. 79) complementa com a importância de

> jamais esquecer que esse "realismo" se contenta com o exterior das coisas e dos seres e que, cultivando o olhar como sua arma mais poderosa, o cinema tornou-se o contrário da pintura, que, no século XX, tornou a vincular-se com uma possível interioridade que abandonara após a Idade Média.

Em *Metal Gear*, a busca deste realismo das aparências é completa. Apresentam-se desde o desenvolvimento de personalidades complexas dos personagens, o que quase não conta 'para efeito de jogo', e portanto seria dispensável em um *videogame*, até o detalhamento do lugar em que se passa a ação e de armas e equipamentos, e sem o descuido de questões históricas e geográficas.

As tecnologias mirabolantes como nano-robôs, radares e mísseis nucleares impossíveis de serem interceptados são justificadas minuciosamente, atendendo ao princípio de "espetacular precisão com que o fantástico parece real na tela", que pela "'seriedade' da reconstrução e o cuidado apurado manifestado nos detalhes simboliza uma atitude de 'respeito à verdade' que tende a ser creditada ao filme no seu todo" (XAVIER, 1977, p. 32).

Mecanismos como recuperar a energia perdida ao ficar algum tempo parado, permanecer 12 horas acordado e sem comer e ainda vencendo as lutas ou enxergar em uma pequena tela a movimentação de inimigos pelo local em que se está, já considerados naturais em jogos deste tipo, são justificados em *Metal Gear* por esses equipamentos exclusivos, inclusive com personagens aos quais é creditado o desenvolvimento dessa tecnologia e que fazem parte da equipe de apoio que se comunica com o personagem principal, Solid Snake, através de um comunicador de última geração. A personagem que desenvolveu este comunicador se diz inclusive responsável pelo armazenamento de dados referentes à missão – justificativa *realista* do mecanismo de 'salvar' o progresso no jogo.

O *naturalismo* com que os 'atores' são representados ganha força ao ser repassado também para alguns momentos de jogo. Se em determinado momento o jogador posiciona Solid Snake de frente para a personagem Meryl, como se a estivesse encarando, ela se demonstra envergonhada, mexendo no cabelo e olhando para os lados, e pede para que ele pare com isso. Além disso, o fato de Snake ser viciado em cigarros e em Pentazen (droga que diminui movimentos involuntários e ajuda a atirar precisamente) influencia no jogo, pois o personagem conseguiu levar seu maço de cigarros apesar de ter que ir sem nenhum equipamento – o que é bem útil na hora de identificar armadilhas com *laser* (a fumaça torna o *laser* visível, mas Snake vai perdendo energia pelo mal que o cigarro faz) – e acertar um tiro preciso com um rifle fica mais difícil sem a utilização da droga.

Há ainda um trecho muito interessante que mistura jogo e filme, já que o jogador não é capaz de intervir no que acontece na tela, mas é solicitado a agir 'aqui fora' por um personagem – um dos 'chefes de fase' do jogo, que lê e controla pensamentos e move objetos com a mente. Quando se chega para enfrentá-lo, ele diz que vai demonstrar o seu poder e inicialmente fala da forma como Solid Snake procedeu no jogo até ali, por exemplo, se foi cuidadoso com armadilhas, se 'salvou' com muita freqüência, mas de repente ele afirma perceber que "você gosta de jogos da Nintendo", e, se no *memory card* do console, onde ficam salvos todos os jogos, houver registros de um dentre quatro específicos sucessos da Nintendo, ele o cita como sendo do gosto do jogador. Então, ele aparece na tela em plano fechado e pede algo como: "Coloque o *joystick* no chão que eu vou demonstrar o meu poder". Daí, corta-se para a cena de Snake apontando a arma para ele, mas diminuindo sua expressão de desconfiança e olhando para fora da tela, como que para o jogador, com um aceno afirmativo de cabeça, como se dissesse "faça o que ele pede". Ao se colocar o *joystick* no chão, o personagem se concentra e ele começa a tremer e a andar para o lado.

Esse foi um uso inovador da função *rumble* – adicionada aos *joysticks* para dar mais emoção aos jogos, fazendo com que ele trema ou imite, por exemplo, batimentos cardíacos em momentos de tensão – aclamado também como um dos pontos altos do jogo. Mas, além disso, apesar de aparentemente chamar a atenção para o fato de que se trata de um jogo, tal procedimento não deixa também de contribuir para um realismo ainda maior do mundo representado. É como se o jogador estivesse interagindo com um mundo tão real que é capaz de interagir de volta com ele. Há inclusive um personagem com função bastante ambígua no jogo como um todo, que não faz parte da equipe recrutada para a missão mas aparece também no comunicador de Snake, que passa mensagens diretas para o jogador, como a importância de não ficar jogando o tempo todo, sem comer ou dormir.

2. Decupagem clássica

De acordo com Ismail Xavier (1977, p.24),

> o que caracteriza a *decupagem clássica* é seu caráter de sistema cuidadosamente elaborado, de repertório lentamente sedimentado na evolução histórica, de modo a resultar num aparato de procedimentos precisamente adotados para extrair o máximo rendimento dos efeitos da montagem e ao mesmo tempo torná-la invisível.[5]

O aspecto da *sedimentação* de um repertório cinematográfico hegemônico é fundamental na constituição de um certo procedimento de decupagem/montagem que, por suas "convenções", acaba se instituindo como "um modo normal, ou natural, de se combinar as imagens (justamente aquele apto a não destruir a 'impressão de realidade')" (XAVIER, 1977, p. 24).

A obrigatoriedade de "cuidados ligados à coerência na evolução dos movimentos em sua dimensão puramente física" (XAVIER, 1977, p. 24), que advém desta preocupação *realista,* e a "denotação de um espaço semelhante ao real, produzindo a impressão de que a ação de-

[5] Para não fugir ao propósito do artigo, não detalharemos aqui a definição do processo de decupagem. Para uma explicação, cf. XAVIER, 1977, p. 19 e p. 28.

senvolveu-se por si mesma e o trabalho da câmera foi 'captá-la'" (XAVIER, 1977, p. 25), são também facilitados por se tratar de um jogo de *videogame*, já que a possibilidade de explorar mais detalhadamente os locais em que se passam as ações do filme e a sensação de que elas se passam em tempo real – já que se iniciam a partir de determinadas ações do personagem principal – diluem o caráter de pontos de vista escolhidos e editados intencionalmente e reforçam a aparência de que se retrataram ações como elas efetivamente aconteceram em espaços reais.

A identificação do espectador com os personagens, tão cara à tentativa de ilusão de verdade do cinema, já é praticamente dada no caso do *videogame*, já que, através da mediação do *joystick,* o jogador literalmente assume o papel principal. Assim, um dos procedimentos de "tremenda eficiência no mecanismo de identificação", a chamada "câmera subjetiva" – aquela que "assume o ponto de vista de uma das personagens, observando os acontecimentos de sua posição, e, digamos, com os seus olhos" (XAVIER, 1977, p. 25-26) –, que costuma ser predominante nas *cut-scenes* de jogos, não é tão utilizado. São relativamente poucas as cenas de filme enxergadas 'através dos olhos' de Snake, e há até mesmo cenas que o personagem do jogador não está observando, de espaços de onde ele não é sequer capaz de ouvir o que se passa.

Porém, mesmo esse deslocamento da câmera de acordo com um certo narrador onipresente, em vez de acompanhar sempre o personagem central, não concorre para a diminuição dessa ilusão de realidade, devido à utilização de recursos já consagrados no cinema narrativo clássico, em que "as substituições de imagem obedecem a uma cadeia de motivações psicológicas" (XAVIER, 1977, p. 25). A obediência a determinadas "regras de equilíbrio e motivação" é capaz de transformar a mudança de planos "no elemento que sustenta o efeito de continuidade, em vez de ser justamente a ruptura", pois aparece

> contendo nova informação necessária ao andamento da história, precisando a reação de uma personagem particular diante dos fatos, denunciando alguma ação marginal imperceptível para o espectador nos planos anteriores [...] (XAVIER, 1977, p. 26).

Um outro procedimento que foi fundamental "desde os primeiros anos do século [especialmente] nas narrativas de aventura" garante a relação destas cenas com o que está se passando onde Snake se encontra: a montagem paralela. Este esquema é empregado nas situações que solicitam

> uma montagem que estabeleça uma sucessão temporal de planos correspondentes a duas ações simultâneas que ocorrem em espaços diferentes, com um grau de contigüidade que pode ser variável. Um elemento é constante: no final, será sempre produzida a convergência entre as ações e, portanto, entre os espaços (XAVIER, 1977, p. 21).

Dessa forma, as ações que se desenrolam longe do personagem principal se relacionam diretamente às que acontecem em sua presença, e o conhecimento delas pelo jogador contribui para a sua atuação no jogo, embora em diálogos, por exemplo, o personagem Snake deixe claro que não possui aquelas informações.

Também apontada como característica fundamental da decupagem clássica, tanto por Xavier quanto por André Bazin, a representação em "campo/contracampo [–] por exemplo, num diálogo, a tomada alternada, conforme a lógica do texto, de um ou outro interlocutor" (BAZIN, 1991, p. 75) é utilizada em todos os momentos de diálogo do filme, embora a decupagem em "profundidade de campo", caracterizada por Bazin como um questionamento do modelo de campo/contracampo, esteja presente em todo o filme. Somente aparecem imagens levemente desfocadas quando se quer dar a idéia de atordoamento, como o momento em que Snake havia sido nocauteado e acorda de frente para fortes lâmpadas.

No caso, das conclusões que Bazin (1991, p. 77) tira em relação à profundidade de campo, a que prevalece é a de "estrutura mais realista", apesar de, em alguns momentos, se evidenciar também a possibilidade de "um mínimo de escolha pessoal" no que diz respeito a escolher, dentre os diversos objetos que aparecem em cena, em qual se quer prestar maior atenção, o que significa que cada jogador/espectador pode perceber uma maior ou menor riqueza de detalhes.

É até mesmo possível aumentar o *zoom* das cenas através de um dos botões do *joystick*, mas apenas a imagem central pode ser aproximada. Porém, enfatizamos que este mecanismo se presta também à maior ilusão de realidade, já que na observação direta também é possível se focar mais a atenção em algo do que se tem à frente, e essa noção de estar observando diretamente o que se passa na tela é reforçada ainda pela predominância do "enquadramento dos personagens acima dos joelhos, que se verifica mais de acordo com a atenção espontânea do espectador, o ponto de equilíbrio natural de sua acomodação mental" (BAZIN, 1991, pp. 74-75).

A possibilidade de interferir na imagem da tela é maior nos *extras* do jogo. Na parte de *briefing*, há imagens feitas como se fossem extraídas de um vídeo de segurança, e o jogador pode alternar entre as câmeras, movimentá-las e aumentar ou diminuir o *zoom* para reparar nos diversos detalhes presentes no quarto em que o coronel Campbell e a Drª. Naomi Hunter convencem Snake a aceitar a missão e explicam alguns pontos.

> Originalmente era uma animação chapada e feita em cima das ilustrações conceituais, mostrando a conversa de Snake e Campbell antes da missão começar [...]. Já nesta versão este extra é apresentado na engine do próprio jogo, como se visto através das câmeras da sala onde rola a tal conversa. [...] Nessa brincadeira o jogo ganhou cenas completas, já que no original era predominantemente texto escrito e narrado com imagens levemente animadas – mas desta vez mostra Snake quase partindo pra cima de Campbell (e Naomi tentando separá-los), Naomi tentando arrancar o cigarro oferecido por Campbell das mãos de Snake, e outros detalhes bem dignos da atitude dos personagens (VIANA, 2005).

3. Um filme de ação

Além da utilização dos mecanismos básicos do cinema narrativo clássico, os trechos em filme de *Metal Gear Solid* remetem diretamente a um estilo específico de filme: o de ação/aventura.

Uma das características marcantes deste gênero é apontada por Ismail Xavier nos "pretextos para o adiamento da ação, que, pela sua natureza, levaria a um desfecho fulminante", como nos "filmes em que o vilão 'fala demais' antes de dar o tiro final" (XAVIER, 1977, p. 22). Todos os confrontos de Snake com "chefes de fase" se iniciam com grandes monólogos dos vilões, ou algumas vezes diálogos em que o protagonista participa pouco, e nenhum deles morre sem antes fazer um balanço de suas motivações e revelações que ajudam Snake nas próximas fases.

A trilha sonora, já comentada anteriormente, representa também um papel fundamental nesta identificação com os filmes de ação em geral, sendo inclusive um dos pontos mais comentados em resenhas quando se trata da identificação do jogo com obras cinematográficas. A opinião do articulista de um *site* especializado ilustra bem essa sensação: "A trilha sonora do jogo, que foi refeita, dá uma boa ambientação; o *remix* do tema principal [...] dá um bom clima de filme de ação" (VIANA, 2005)[6].

Como Xavier (1977, p. 27) demonstra, embora houvesse outras propostas de utilização da trilha sonora, "o advento do cinema sonoro, tão lamentado por diferentes estetas, constitui um passo decisivo no refinamento do sistema voltado para o ilusionismo e a identificação". Na concepção do autor, o som não entra na obra cinematográfica como um simples acessório, mas, sim, como um elemento integrante de mesmo nível que a imagem. A busca do princípio do som sincronizado com a imagem, que "estabelece a colocação das palavras e ruídos nos exatos momentos em que vemos funcionar a fonte emissora, de modo a produzir uma correspondência natural entre imagem e som" (XAVIER, 1977, p. 27), é evidente em *Metal Gear*, inclusive com um grande cuidado com a dublagem, que em poucos momentos se apresenta fora de sincronia com os movimentos da boca dos personagens.

---

[6] Não apenas no caso deste jogo, mas em relação a diversas animações gráficas a trilha sonora é usada como demonstrativo da semelhança com filmes de ação. Cf. THIBES e SALVADORES para exemplos de como isso se deu sobre o longa-metragem em desenho animado *Os Incríveis*.

Tanto nos momentos de filme quanto nos de jogo há uma grande preocupação com a verossimilhança dos sons, sendo que andar em chão de metal, bater em paredes e até espirrar, como acontece às vezes, são ações que podem chamar a atenção dos guardas e com as quais o jogador tem que aprender a lidar para poder usá-las a seu favor.

E se o próprio D.W. Griffith, consagrado como o precursor do cinema narrativo clássico, já achava "um filme sem mensagem uma perda de tempo" (*apud* THE, 2005, tradução nossa), seria inconcebível a identificação de um produto audiovisual ao modelo *hollywoodiano*, especialmente no que diz respeito ao gênero ação/aventura, sem uma 'moral da história' como pano de fundo. No caso de *Metal Gear Solid: The Twin Snakes*, são tantas as referências ao "antibelicismo, intriga política e a conscientização em relação a estes fatos" (VIANA, 2005), totalmente reforçadas pelas diversas reviravoltas na história, à medida que segredos sórdidos do exército americano vão se revelando, que é difícil de imaginar alguém que vivencie o jogo sem pegar ao menos um pouco da mensagem que o próprio Hideo Kojima afirma querer retratar[7].

Considerações Finais

Para relacionar *Metal Gear Solid: The Twin Snakes* a filmes hollywoodianos, não há necessidade de identificar as referências que o diretor Hideo Kojima credita a centenas de cineastas e milhares de filmes[8]. A forma como se estrutura a narrativa das *cut scenes* do jogo remete totalmente à linguagem do cinema narrativo clássico, que se consolidou como predominante no cinema hegemônico atualmente.

Assim como André Bazin (1991) comentava em relação à introdução das cores e do som no cinema, podemos concluir que não necessariamente a utilização de novas técnicas traz uma diferenciação da linguagem empregada para passar uma história. Com um tema muito similar ao tratado por diversos filmes de ação hollywoodianos e um pro-

[7] Cf. NUTT, 2005.

[8] Cf. NUTT, 2005.

pósito comercial tão forte quanto o destes, o que a animação digital em questão traz é uma estrutura semelhante ao que existe de predominante neste modelo, muito mais do que algum avanço que possa significar alterações na própria linguagem cinematográfica.

A introdução das tecnologias digitais no audiovisual e os hibridismos dentre os setores desta área ainda estão em seu início e não há como saber com certeza o que virá pela frente, mas já há elementos para constatar que estas técnicas sozinhas não são capazes de trazer a democratização e a linguagem alternativa sobre as quais alguns autores especulam[9].

Referências

AUMONT, Jacques. *As teorias dos cineastas*. Campinas: Papirus, 2004.

BAZIN, André. *O cinema*: Ensaios. São Paulo: Brasiliense, 1991.

LUCA, Luiz Gonzaga Assis de. *Cinema digital*: Um novo cinema? São Paulo: Cultura – Fundação Padre Anchieta, 2004. (Coleção aplauso. Série cinema e tecnologia / coordenador geral Rubens Ewald Filho).

NUNES, Pedro. *As relações estéticas no cinema eletrônico*. Maceió: UFAL Editora Universitária, 1996.

NUTT, Christian "ferricide". *Talkin' Snakes with KCEJ*. Disponível em: http://archive.gamespy.com/interviews/january04/mgsroundtable/. Acesso em: 11/jun/2005.

SALVADORES de um mundo (quase) real. Disponível em: http://www.laboratoriopop.com.br/col_marioabbade/col_marioabbade_20041210.html. Acesso em: 14/jun/2005.

THE Five Greatest Directors of the Silent Era. Disponível em: http://www.reel.com/reel.asp?node=features/millennium/silentdirectors. Acesso em: 14/jun/2005.

[9] Cf. LUCA, 2004.

THIBES, Renato. *Ação animada*. Disponível em: http://geocities.yahoo.com.br/saladestar/cinema_incriveis.htm. Acesso em: 13/jun/2005.

XAVIER, Ismail. *O discurso cinematográfico*: a opacidade e a transparência. Rio de Janeiro: Paz e Terra, 1977.

2.2.3. Geração para a qual Não há Mundo Sem Computadores

Sérgio Rizzo[1]

Primeiro, veio o cinema, que reinou soberano como o principal espetáculo de massas durante meio século. Depois, a televisão – que, baseada na gramática já então consolidada pelo cinema, estabeleceu uma nova tradição na produção de obras audiovisuais consumidas por multidões. Por fim, as experiências com vídeo analógico e digital, bem como com tecnologias digitais de animação, que hoje alcançam não apenas os circuitos tradicionais de exibição cinematográfica e televisiva, como também se espalham por exposições de artes visuais e performáticas, pela produção de conteúdos para a internet e por suportes diversos como terminais bancários de auto-atendimento, telas de localização em *shopping-centers* e... *videogames*.

A sustentar o que há de narrativo em todo o amplo universo da produção audiovisual contemporânea, a contribuição dada pelo que se convencionou chamar de Cinema Narrativo Clássico. Lembro-me da expressão de descoberta de Ana Laura Azevedo ao constatar que a base de nossos estudos na disciplina Cultura e Visualidade (no curso de es-

---

[1] Sérgio Rizzo, 41 anos, é jornalista, mestre em Artes e doutorando em Ciências da Comunicação pela Universidade de São Paulo, crítico da *Folha de S. Paulo*, colunista das revistas *Educação*, *IdéiaSocial* e do portal *Yahoo!*, professor do curso de graduação em Jornalismo da Universidade Presbiteriana Mackenzie, do curso de especialização em Crítica Cinematográfica da Fundação Armando Álvares Penteado (FAAP), do curso de especialização em Jornalismo Cultural da Universidade Metodista de São Paulo e do curso de especialização em Cinema e Educação da Universidade Estadual de Goiás.

pecialização em Jornalismo Cultural da Universidade Metodista de São Paulo) era aplicável, por exemplo, ao *videogame Metal Gear Solid: The Twin Snakes*, que ela jogava na ocasião. Representante de uma geração para a qual não há mundo sem computadores e demais artefatos relacionados à cibercultura, como os consoles de *videogame* e as *lan-houses*, Ana vislumbrou ali conexões que talvez ainda não houvesse imaginado nem mesmo existirem – muito menos que poderiam estar no foco de um trabalho acadêmico.

Além da satisfação de contribuir para o amadurecimento de uma jovem pesquisadora e para apontar eventuais caminhos de investigação, o trabalho de orientação a Ana Laura me levou também a uma situação que seria altamente improvável no início dos anos 80, quando tomei contato pela primeira vez com as idéias organizadas por ela neste artigo. Naquela ocasião, sugerir que um *videogame* pudesse ser objeto de uma pesquisa que examinasse seu caráter narrativo era impensável, sobretudo porque a tecnologia estava ainda longe de possibilitar que os jogos oferecessem mais do que situações primárias de interação. Enquanto Ana e os jovens de hoje navegam pelo sofisticado arcabouço de *Metal Gear,* no final da adolescência eu me restringia a jogar tênis e "paredão" na tela de televisão que o console tornava bicolor. Os *pinballs*, que só existiam no mundo concreto, eram bem mais estimulantes – e já se inspiravam vez ou outra, como ocorre atualmente, em personagens e situações de produções bem-sucedidas nos cinemas.

Além disso, a simples idéia de contemplar como fontes do mesmo ensaio acadêmico teóricos da linguagem cinematográfica e arquitetos de jogos eletrônicos pareceria *nonsense*. Hoje, a reconfiguração da indústria do audiovisual trouxe inúmeros outros parâmetros ao cenário. Os *videogames* se tornaram significativa fonte de receita para empresas que atuam também em outras áreas do mercado de entretenimento, fidelizando milhões de consumidores em todo o mundo e com isso, em mecanismo de mão dupla, alterando o comportamento do espectador jovem de cinema e TV. Não são apenas os *videogames* que se parecem com filmes, como demonstra o artigo de Ana Laura. Muitos filmes de ação e seriados de TV, alguns deles baseados em personagens de jogos, é que se parecem com *videogames*.

Sem falar na geração de empregos para profissionais que antes tinham área de atuação mais restrita — roteiristas, por exemplo – e na conseqüente necessidade de que sua formação contemple novas habilidades. Em "Características do Cinema Narrativo Clássico em um jogo de *videogame*", Ana Laura abriu uma janela para esse mundo. Espero que siga em frente, devidamente preparada para enfrentar conceitualmente o que a convergência audiovisual trouxer para a arena sociocultural nas próximas décadas, e que hoje ainda mal conseguimos esboçar.

2.3. Prêmio Francisco Morel

2.3.1. Usar a Televisão para Ler a História

Igor Sacramento (UFRJ)

Desde criança sou fascinado pela televisão. Novelas, desenhos, seriados, filmes, telejornais, programas de auditório, apresentadores e personagens fazem até hoje parte da minha rotina. Ainda adolescente tive de decidir "o que fazer da vida". A televisão continuava me seduzindo. Queria trabalhar com ela. Mas tinha de resolver um outro impasse: a história ou a comunicação social, escrever sobre televisão ou escrever para ela. A decisão tinha de ser tomada.

Ainda cheio de dúvidas, despedi-me das salas do Liceu Franco-Brasileiro e passei a freqüentar as da Escola de Comunicação da Universidade Federal do Rio de Janeiro (ECO/UFRJ). Lá, aprendi que poderia escrever sobre e para a televisão. Comecei a ler cada vez mais sobre a mídia eletrônica. Uma frustração. A literatura nacional havia optado, majoritariamente, pelo estudo dos reflexos das políticas estatais de uma época na administração e na programação das emissoras, pouco informando, assim, sobre o que havia sido veiculado – as diferentes linguagens e rotinas de produção adotadas. A televisão também é imagem. Sempre soube disso. Todos nós nos lembramos disso.

Em 2002, mesmo ano em que entrei para a ECO, um tema me incomodou. Fui assistir ao Festival Internacional de Documentários – É Tudo Verdade, em que foram exibidos filmes dirigidos por cineastas para dois programas jornalísticos de enorme sucesso de público e de crítica – o *Globo Repórter* e o seu precursor, o *Globo-Shell Especial*. *Os Índios Kanela,* de Walter Lima Júnior, *O Caso Norte,* de João Batista de Andrade, *O Último Dia de Lampião,* de Maurice Capovilla, e *Theodorico, o Imperador do Sertão,* de Eduardo Coutinho, entre outros, impressionaram-me por terem sido produzidos e exibidos pela *Rede Globo*. Como a emissora que sustentou o Estado militar pôde transmitir documentários que tratavam da fome, da miséria, da violência, da impunidade, da desigualdade e da exploração sociais?, perguntava àquela literatura.

Ana Paula Goulart Ribeiro, minha orientadora desde a graduação, respondeu-me que os processos de hegemonia são sempre contraditórios e complexos e só dessa maneira podem ser estudados. Ciente disso, resolvi escrever minha monografia sobre o primeiro telejornal exibido em rede nacional. Analisando algumas reportagens de sua primeira década de existência, pude perceber que as imagens do Brasil construídas pelo *Jornal Nacional* não eram somente as de um "país do futuro". Afinal, aprendi que os produtos da indústria cultural legitimam e contestam ao mesmo tempo e num certo ponto a ordem social vigente.

Mas aquele outro tema me incomodava como até hoje. Não só me incomodava, me perseguia. Em 2005, fui trabalhar no *Canal Brasil* e lá me deparei com fitas em que estavam gravados os documentários que havia visto três anos antes. Aprovado para o curso de Mestrado do Programa de Pós-graduação em Comunicação e Cultura da UFRJ, em 2006, reformulei algumas questões. Procuro entender como cineastas identificados com o Cinema Novo, um movimento que pretendia utilizar a arte como um instrumento político, foram parar na *Rede Globo* e como dentro do principal segmento da indústria cultural brasileira, deram-se a continuidade, o controle e a transformação das utopias revolucionárias que eles nutriam. Quais são os limites e as possibilidades de existência de autores politicamente engajados no jornalismo televisivo?

Para a dissertação, provisoriamente intitulada "Imagens da nacionalidade: cineastas de esquerda no jornalismo televisivo, do *Globo-Shell* ao *Globo Repórter* (1971-1986)", optei por fazer uma coleta sistematizada de informações na imprensa da época sobre a emissora, os programas e a participação daqueles cineastas. Além de entrevistas com jornalistas e cineastas envolvidos, não me esquivarei da análise de alguns documentários. Não poderia escrever essa história de outra maneira. O trabalho "Coutinho na TV: um cineasta de esquerda fazendo jornalismo" é um dos primeiros passos para a realização desse conjunto de intenções: usar a televisão para ler a história, usar a história para ler a televisão.

2.3.2. Coutinho na TV:
Um Cineasta de Esquerda Fazendo Jornalismo[1]

Igor Sacramento[2]
Universidade Federal do Rio de Janeiro - UFRJ

Resumo

Este trabalho investiga a produção de Eduardo Coutinho no *Globo Repórter* da *Rede Globo*, lembrando sua formação como cineasta de esquerda nos anos 1960. Na televisão, Coutinho dirigiu documentários como *Seis Dias de Ouricuri* (1976), *Theodorico, o Imperador do Sertão* (1978) e *Exu, uma Tragédia Sertaneja* (1979), que, embora não sejam revolucionários, são críticos da realidade brasileira, ao problematizarem, de maneiras distintas, as condições do povo sertanejo. Na análise dos programas, discuto os alcances e os limites do impacto da indústria cultural sobre as escolhas estéticas e as posições políticas do artista.

Palavras-chave

Eduardo Coutinho; cineasta de esquerda; televisão; jornalismo; *Globo Repórter*.

[1] Trabalho apresentado ao NP Jornalismo, do VI Encontro dos Núcleos de Pesquisa da Intercom.

[2] Jornalista e mestrando do Programa de Pós-graduação em Comunicação e Cultura da Escola de Comunicação da UFRJ. Este trabalho é parte da pesquisa que dará origem à minha dissertação, provisoriamente intitulada *Imagens da nacionalidade: cineastas de esquerda no jornalismo televisivo, do Globo-Shell ao Globo Repórter (1971-1986)*. E-mail: igorsacramento@gmail.com.

As articulações entre arte e política, assim como entre arte engajada e indústria cultural,[3] são experimentos característicos da relação entre os intelectuais e a sociedade brasileira nos anos 1960 e 1970, respectivamente. Nestes últimos, a televisão, em rede nacional, se tornou o lugar privilegiado da produção cultural no país (KEHL, 1986) e a *Rede Globo* empregou artistas, autores e alguns repórteres da esquerda brasileira. Entusiasmados com o fato de poderem continuar o projeto "romântico-revolucionário" na televisão (RIDENTI, 2000 e 2005), eles vislumbravam, além da oportunidade de emprego, a possibilidade de atingir um público bem maior (mais popular) do que o da "arte popular revolucionária", que se restringia à burguesia intelectualizada (FREIRE FILHO, 2003). O comunista Alfredo Dias Gomes e o cepecista Oduvaldo Vianna Filho (Vianinha), na teledramaturgia; o teatrólogo do Teatro Oficina Fernando Peixoto, no "cinema de mercado" e na televisão (FREIRE RAMOS, 2005); e o dramaturgo do Teatro de Arena Gianfrancesco Guarnieri, como ator de novelas, são alguns dos exemplos. Em que pesem a cooptação ideológica da própria indústria televisiva (ORTIZ, 2001; RIDENTI, 2000) e a utilização das obras desses artistas para elevar o nível de qualidade da emissora (FREIRE FILHO, 2005; KEHL, 1986; WANDERLEY, 1995), é preciso perceber as dimensões da problemática social presente nos seus trabalhos para a televisão, dando conta, com isso, das contradições da indústria cultural.[4]

Inspirado pela clássica distinção entre utopia e ideologia feita por Karl Mannheim (1950), Ortiz acredita que a utopia nacional-popular dos anos 1940, 1950 e 1960 se transformou na ideologia da indústria cultural brasileira das duas décadas posteriores, legitimando a ordem

---

[3] O conceito de indústria cultural adotado neste trabalho refere-se às formulações da Escola de Frankfurt, especialmente em Adorno e Horkheimer (1985), no que diz respeito ao processo de mercantilização da cultura na sociedade capitalista, abrindo precedente, dessa maneira, para a observação de suas contradições e suas afinidades com a ordem de sua época.

[4] Um trabalho fundamental, neste sentido, é o de Fredric Jameson (1979), em que é proposto um método de análise das ideologias e das utopias constituintes dos produtos da cultura de massa. Aqui, ele serve como inspiração.

social. Neste sentido, os intelectuais e artistas absorvidos pela televisão, especialmente, são vistos como presas de um discurso que se aplicava a uma outra conjuntura da história brasileira, e eram, portanto, "incapazes de entender que a ausência da contradição os impedia inclusive de tomar criticamente consciência da sociedade moderna em que viviam". Ortiz ainda deixa claro que "seria ingenuidade acreditar que a ideologia do nacional-popular se exprime política e culturalmente no interior da indústria cultural" (2001: 181).

Ridenti (2000: 328) percebe de outra maneira: "Sem subestimar o poder da indústria cultural de fazer uso das idéias mais críticas para reforçar-se, parece-me que ela é portadora de contradições que não lhe permitissem dar conta do mascaramento total da realidade em que se insere", que acaba sendo retratada em determinadas produções.[5] Acredito que esta concepção de estudar a televisão pelas ambigüidades é fundamental para perceber as nuanças das obras de intelectuais de esquerda na indústria cultural, estabelecendo um confronto entre o uso que a televisão fez deles e o que eles fizeram dela, legitimando e contrariando a ordem estabelecida. É com esta abordagem que faço o estudo da produção televisiva de Eduardo Coutinho.

Além de motivados pela sedução da indústria cultural, também é bom lembrar que, a partir do golpe de 1964 e, principalmente, depois da implantação do Ato Institucional número 5, em 1968, recrudesceram a repressão e a censura às expressões artísticas – cinema, teatro, literatura e música (BERG, 2002) – e muitos artistas viram na televisão a possibilidade de continuar fazendo sua "arte engajada" com mais segurança.[6] No entanto, este engajamento dos anos 1970 e 1980 signi-

---

[5] Nesta perspectiva, por exemplo, é interessante o estudo de Pelegrini (2000) sobre a obra de Vianinha na televisão, em que fica evidente a articulação com o anterior projeto nacional-popular de esquerda do intelectual.

[6] Numa perspectiva diferente, o trabalho de Regina Mota (2001), ao tratar da participação de Glauber Rocha no programa *Abertura* da *TV Tupi*, entre 1979 e 1980, concentra-se na intersemiose entre cinema e televisão para tratar da continuidade do projeto estético do cineasta, baseando-se na máxima "os meios andam aos pares", de Marshall McLuhan.

ficou "um apoio às causas de esquerda a título individual, do artista como cidadão [não como parte de um grupo, do coletivo, de um projeto], ou incluindo em seu trabalho veiculado pela indústria cultural alguma mensagem política" (RIDENTI, 2000: 335), o que também será levado em conta nos comentários sobre os documentários dirigidos pelo cineasta para o *Globo Repórter*.

Antes do ingresso na televisão, Coutinho, como membro do Centro Popular de Cultura da União Nacional dos Estudantes (CPC da UNE), foi encarregado pela sua direção (Carlos Estevam, Leon Hirzman e Vianinha) de dirigir o segundo filme[7] em longa-metragem do Centro. *Cabra Marcado para Morrer* tinha o objetivo de reconstituir a vida de João Pedro Teixeira, fundador da Liga Camponesa de Sapé, na Paraíba, que fora assassinado a mando de latifundiários. A idéia surge em 1962, quando o cineasta na UNE-Volante se depara com o repúdio dos camponeses à morte de um de seus líderes. Iniciadas em fevereiro de 1964, as filmagens são interrompidas. Era o golpe de abril de 1964.

Depois dessa experiência, o cineasta ainda participou, como roteirista, de longas como *A Falecida* (1965) e *Garota de Ipanema* (1967), de Leon Hirzman;[8] *Lição de Amor* (1975), de Eduardo Escorel; *Os Condenados* (1973), de Zelito Vianna; e *Dona Flor e Seus Dois Maridos* (1976), de Bruno Barreto. Ele dirigiu o episódio *O Pacto* do longa-metragem *ABC do Amor* (1966) e os filmes *O Homem Que Comprou o Mundo* (1968) e *Faustão* (1971). Ele só vai entrar em contato

[7] *Cinco Vezes Favela* (1962) foi o único longa-metragem finalizado pelo CPC, reunindo cinco episódios: *Um Favelado*, de Marcos Farias; *Escola Samba Alegria de Viver*, de Cacá Diegues; *Zé da Cachorra*, de Miguel Borges; *Couro de Gato*, de Joaquim Pedro de Andrade; e *Pedreira de São Diogo*, de Leon Hirzman.

[8] "As relações que ele [Eduardo Coutinho] tinha com os cineastas do núcleo central do Cinema Novo passavam quase sempre por Leon Hirzman, muito amigo de Coutinho e que esteve associado a diversos trabalhos do diretor. Primeiro, foi Leon produtor executivo de *Cabra Marcado para Morrer*; no ano seguinte convidou-o para escrever com ele o roteiro de *A Falecida* – filme que se tornou um clássico do Cinema Novo; foi também Leon quem coordenou o projeto do longa-metragem *ABC do Amor*" (LINS, 2004:17).

com o documentário ao ingressar na *Rede Globo*, influenciando a mudança no formato de *Cabra Marcado para Morrer* (1984) e na sua carreira (LINS, 2004: 17-30).

Coutinho, a televisão e o *Globo Repórter*

Em 1975, Coutinho foi trabalhar no *Globo Repórter*. Na televisão, ele recebia o dobro do que ganhava como copidesque no *Jornal do Brasil*, onde trabalhava na época. Este foi o segundo convite da emissora carioca, que já o havia chamado para participar do *Jornal Nacional*, mas com uma proposta salarial não muito diferente do que já ganhava.

Até 1984, ele dirigiu as reportagens *Um Americano no Nacional* e *Atletismo no País do Futebol* (1975) e, entre outros, os documentários *Seis Dias de Ouricuri* (1976), *Superstição* (1976), *O Pistoleiro da Serra Talhada* (1977), *Uauá* (1977), *Theodorico, o Imperador do Sertão* (1978), *Exu, uma Tragédia Sertaneja* (1979) e *Portinari, o Menino Brodósqui* (1980), que procuraram retratar o Brasil pelos problemas, não pela grandiosidade de um futuro inevitável como o da propaganda oficial da época (FICO, 1997), concebendo imagens do Brasil em disparidade com o imaginário nacional projetado pelos militares e endossado pelas propagandas de governo e pela própria *Rede Globo*.

O *Globo Repórter*[9] foi exibido pela primeira vez, em caráter experimental, em 3 de abril de 1973[10], com os melhores momentos da carreira de Emerson Fittipaldi, mas sua estréia oficial só ocorreu em 7 de agosto do mesmo ano. Como mostrou *a Folha de S.Paulo* daquele dia, o

---

[9] Foram três núcleos de produção. O Núcleo de Reportagens Especiais, sediado no Rio de Janeiro e dirigido por Paulo Gil Soares. Em São Paulo, a Divisão de Reportagens Especiais, criada em 1974, coordenada por João Batista de Andrade e por Fernando Pacheco Jordão, e a *Blimp Filmes*, produtora de Guga Oliveira, irmão de Boni, que contribuía desde o *Globo Shell*. Todos os núcleos eram submetidos a Armando Nogueira, diretor da Central Globo de Jornalismo (CGJ).

[10] Em 1973, são lançados, em abril, o *Globo Repórter* e, em agosto, o *Fantástico – o Show da Vida*, duas experiências distintas de jornalismo, mas que se enquadram na estratégia da emissora de elevação do nível de qualidade (cf. WANDERLEY, 1995: 91-110).

programa contou com reportagens e documentários de curta duração: "*Os Intocáveis* (focalizando a seleção brasileira), *Meu Padim, Padre Cícero* (de Paulo Gil Soares), *Os Cavalinhos Correndo* (documentário de Walter Lima Jr. sobre cavalos de corrida) e *Por que caem os aviões?* (de Paulo Gil Soares) fazem hoje às 23 horas o novo programa *Globo Repórter* do Canal 5 [*Rede Globo*]" (07/08/1973: 41).

Fruto da série de documentários sob o título de *Globo Shell Especial*, lançada em 14 de novembro de 1971 e exibida, sem muita periodicidade, até 1973, o programa ocupou o horário das 23 horas da terça-feira. Em função do grande sucesso, a partir de 1974, o programa foi transferido para as 21 horas, logo depois da novela, o que aumentou a visibilidade. Sua audiência chegava à marca dos 60 pontos (MILITELLO, 1997: 18). Em sua primeira década de existência, o *Globo Repórter* contou com a participação de diversos cineastas brasileiros,[11] numa rica contribuição para a história da televisão.

---

[11] Entre eles, interessa-me a participação daqueles vinculados à "estrutura de sentimento de filmes do Cinema Novo", englobando tanto o núcleo "duro" carioca quanto os cineastas paulistas, que, embora identificados com as propostas cinemanovistas, não eram reconhecidos por eles (RIDENTI, 2005: 95). Do primeiro grupo, participaram, entre outros, Eduardo Coutinho; Geraldo Sarno, com *Semana de Arte Moderna* (1972); Gustavo Dahl, com *O Som do Povo* (1972); Paulo Gil Soares, com *O Negro na Cultura Brasileira* (1972) para o *Globo Shell Especial* e *Amazônia, mito e realidade* (1974) para o *Globo Repórter*, por exemplo; e Walter Lima Júnior, com *Arquitetura, a Transformação do Espaço* (1972) e, para o *Globo Repórter*, em que ficou até 1986, com, entre outros, *Poluição Sonora, Poluição do Ar, Poluição das Águas* (1973), *Índios Kanela, Tubarão – Vinte Anos Depois* (1974), *O Enigma do espaço* (1976) e *Medicina Popular* (1977). Dos paulistas do "Cinema Novo Tardio" (Andrade 1998: 26), João Batista de Andrade contribuiu com *A escola de 40 mil ruas* e *Eleições* (1974); *Lenhador de automóveis, Paulo Vanzolini, O jogo de poder* e *Vidreiros* (1975); *Batalha dos transportes, Viola contra guitarra, Mercúrio no pão de cada dia, O grito em debate Meningite* e *Desaparecidos* (1976); *Caso Norte* (1977) e *Wilsinho Galiléia* (1978); Maurice Capovilla, com, entre outros, *O Poder Infantil* (1973), para o *Globo Shell Especial* e, para o seu sucessor, *O Último Dia de Lampião* (1975); e Renato Tapajós, com *Peçonhentos* (1979).

Além de ter sido o único programa da emissora a usar equipamento cinematográfico, o *Globo Repórter* teve o mérito de "fazer passar, de uma maneira mais candente, informações boicotadas pelos demais telejornais" (CARVALHO, 1980: 36), diferindo-se do ritmo alucinado e da desconexão das matérias veiculadas em telejornais da época como o *Jornal Nacional,* que não permitiam a contextualização dos acontecimentos, assim como o adensamento das discussões. Já, no outro programa, temas sociais, como a miséria, que eram ignorados ou pouco tratados em outros jornalísticos, entravam em cena, especificamente nos programas dirigidos por cineastas, dos quais mencionei alguns.

Todavia, não se pode negar que a produção da emissora, especialmente a telejornalística, era tida pelos militares como estratégica na "construção de uma ampla rede simbólica [de integração nacional], com fortes doses de emoção ou apelos aos valores patrióticos" (BARBOSA e RIBEIRO, 2005: 210), proporcionando, assim, a produção de informações favoráveis ao regime, como as notícias sobre a expansão da Transamazônica e sobre a vitória do Brasil na Copa do Mundo de 1970 no *Jornal Nacional* e as lendárias imagens da inauguração da Ponte Costa e Silva (Rio-Niterói) em *Amaral Neto, o Repórter*, sempre pronto para "registrar o progresso da nação" (*Jornal do Brasil*, 04/08/1973: 07), em que o jornalista se esforça para demonstrar a sua intimidade com o presidente Médici.

De uma certa maneira, a exceção é, como estamos vendo, o *Globo Repórter* e seus documentários que fizeram críticas à realidade brasileira. Analisando os programas dirigidos por aqueles cineastas, ficam latentes alguns indícios de que, para além das afinidades,[12] havia as contradições entre a emissora com o projeto político do Estado autoritário.

---

[12] Para Militello, o Padrão Globo de Qualidade "foi uma resposta domesticada da TV à repressão do regime"; emendando nas memórias de Walter Clark, ele continua: "era como se, pelo fato de sermos censurados, pudéssemos exigir cada vez mais qualidade de nós mesmos, mais rigor, mais aplicação. O resultado, então – uma TV sem erros, incomparavelmente melhor do que todas as anteriores –, acabou passando por vitrine de um regime com o qual os profissionais da *TV Globo* jamais concordaram" (CLARK *apud* MILITELLO, 1997: 18).

O *Globo Repórter* começa a construir o seu próprio formato, mais flexível do que o daquele telejornal. Os repórteres só faziam pesquisa e tinham uma presença bastante discreta. Entre outras regras do formato do programa nos anos 1970 (cf. MILITELLO, 1997: 16-22), constavam que o diretor e sua equipe jamais podiam aparecer em frente à câmera, só em casos excepcionais, e deveria haver a presença de um apresentador e de um locutor. Mesmo assim, foram criadas brechas pelos cineastas e por suas equipes para poderem tratar de diversos temas e até mesmo não se filiarem ao modelo estabelecido. A presença do repórter com suas aberturas, passagens, *stand-ups* e encerramentos são características mais marcantes do programa quando ele assume o formato de grande reportagem nos anos 1980, inibindo a participação de cineastas.

Seis Dias de Ouricuri

Para a realização de *Seis Dias de Ouricuri*, exibido em 3 de fevereiro de 1976, às 21 horas, Coutinho e sua equipe passaram, como o título revela, o período na cidade do interior de Pernambuco. No documentário, a crise socioeconômica "causada pela ausência de chuvas [provocando um longo período de seca] e as frentes de trabalho organizadas para uma população de cerca de 200 mil habitantes foram focalizadas" (*O Globo*, 03/02/1976: 38), assim como os relatos desesperados de alguns moradores locais.

Sob a marca de *Globo Repórter Atualidade*,[13] o documentário começa com uma ilustração que localiza no mapa do Brasil a cidade de Ouricuri. A voz em *off* de Sérgio Chapelin afirma que o local é "onde os problemas sociais gerados pela seca se concentraram". Enquanto a câmera caminha pela cidade, a narração explica: "Na cidade, a seca já faz parte das preocupações cotidianas da população. Em socorro dos flagelados, o Governo [Federal] interveio e criou inicialmente duas frentes de trabalho. Mas no dia 15 de janeiro, as sanções continuam no ar".

---

[13] O *Globo Repórter* recebia selos diferentes (Futuro, Documento, Arte Atualidade e Pesquisa), de acordo com a temática das reportagens ou dos documentários.

Entre uma fala e outra do narrador, a câmera capta imagens dos flagelados e seus depoimentos revoltados, como este: "Enquanto a gente *tá* comendo, a gente tem esperança, mas sem comer a gente não vai. Se não comer, a gente não serve". O depoente se refere à falta de mantimentos nas frentes de trabalho. Há trabalho, mas não há comida.

Nos primeiros minutos do documentário, percebe-se a existência do modelo do programa: a narração, a associação justa e direta entre som e imagem (o que é dito aparece; é referendado pela imagem), a ausência do diretor no vídeo e os planos curtos, lembrando a estética das reportagens do *Jornal Nacional*. Todavia, há muitos momentos em que a montagem e a filmagem não são tão previsíveis. Exemplo disso é o plano sem cortes de três minutos e dez segundos, em que um morador de Ouricuri fala que a fome fez com que se comessem raízes que só eram "comidas por porcos", mostrando-as para a câmera:

> (...) De comida mais miserável que eu comi foi essa: a macambira. (...) Batata de parreira, eu nunca comi. (...) Mas é a precisão que obriga. Isso daí [apontando para as raízes] é comida de porco. Eles fuçam, fuçam até tirar debaixo da terra. Nem gado come isso. Eu nunca comi ainda. (...) A gente só come quando é obrigado. A necessidade obriga o sujeito a comer.

Além do tom de denúncia e revolta presente nessa fala, essa passagem é reveladora de uma atitude muito pouco "populista" ou sensacionalista e muito mais colaboradora do povo. Falar da vida sertaneja para promover mudança social. Parece-me que foi essa a intenção de Eduardo Coutinho. A miséria não aparece como exotismo, como uma miragem num país em pleno desenvolvimento econômico e de igualdade e que, dessa maneira, projetava a sua imagem. O que Coutinho faz é mostrar que tudo isso é o Brasil. Ao longo do programa, são contrapostas as condições de vida do povo de Ouricuri com o discurso oficial do Governo, representado tanto pelo representante das frentes de trabalho quanto pela voz em *off* de Sérgio Chapelin, que chega a dizer que "a intervenção do governo chegou na hora certa". O Estado era o salvador, ao mesmo tempo que o responsável pelo abandono.

É interessante, neste sentido, perceber as tensões presentes no programa. Enquanto se impõe o texto da redação do *Globo Repórter*, Eduardo Coutinho, com suas imagens, se esforça para promover a sua denúncia, para dar voz, enfim, aos excluídos. Como diz um dos recrutados para uma das frentes de trabalho:

> Aqui [erguendo uma vasilha com poucos punhados de feijão] é a mercadoria para cinco companheiros comerem, esse tanto de feijão. Falta arroz, falta farinha, falta carne, falta sal, falta querosene, falta óleo. Faltam todos os mantimentos. Aqui se muito fala que precisa trabalhar, mas também precisa do mantimento para se alimentar, *tá* me entendendo? Nós estamos comendo esse tanto de feijão, e nossa família em casa?

Um pouco antes, o representante das frentes de trabalho afirmara ter recebido ordens para alistar todo "o pessoal que chega", para que não faltasse ocupação para ninguém. "O problema maior é que a alimentação que ia chegar hoje não chegou ainda, e o trabalhador recrutado reclama", diz ele. Outro trabalhador mais revoltado dispara: "Se a comida chegar, nós fazemos o serviço".

Em outro momento, um homem vai às lágrimas ao lembrar que abandonou suas terras para poder trabalhar em Ouricuri, que não tem mais dinheiro para voltar e passa fome, mesmo empregado. Outro ainda vai à frente da câmera para pedir que a equipe do programa "tome providências" para resolver a situação.

"Se a equipe do *Globo Repórter* tratasse o tema como inicialmente havia sido proposto [na pauta], ou seja, traçando uma rota da seca na região, visitando em uma semana de filmagens outras cidades do sertão de Araripe [o documentário], se tornaria superficial" (MILITELLO, 1997: 53), o que não é o caso. O diretor optou pelos longos e espontâneos depoimentos que faz com que o problema da seca tenha cada vez mais "cara"; é vivido por pessoas reais e não por números.

Theodorico, o Imperador do Sertão

Neste documentário, Coutinho consegue uma liberdade formal que o livrou da voz em *off*, dos planos curtos e do volume exacerbado de depoimentos. *Theodorico, o Imperador do Sertão* é centrado apenas em um personagem, com muitos planos longos e uma narração que pertence inteiramente ao próprio 'major'[14] Theodorico Bezerra, o que era uma exceção no conjunto de documentários brasileiros do período, especialmente naqueles preparados para a televisão (LINS, 2004: 22).

Exibido em 22 de agosto de 1978 como um *O Globo Repórter Documento*, o filme surge de um alerta do cartunista Henfil sobre a influência do major no sertão nordestino. "A equipe do *Globo Repórter* fez uma reportagem sobre esse homem que já foi deputado federal e vice-governador, além de presidente do Partido Social Democrático (PSD) do Rio Grande do Norte" (*Folha de S.Paulo*, 22/08/1978: 28). Com 75 anos, ele ainda exercia o domínio completo de suas terras e das pessoas que o cercavam.

O cineasta viajou para a fazenda de Irapuru, a 100 quilômetros de Natal, a fim de traçar um perfil de Theodorico. Falando diretamente para a câmera sobre o convite para "ser televisionado, tudo dentro de uma simplicidade", ele começa a explicar que a sua doutrina para os colonos de sua fazenda consiste em "pouca conversa e trabalho, trabalho, trabalho".

Estão expostas as relações de poder entre o "major" e seus empregados. O coronelismo foi representado num programa de televisão, mas com a devida complexidade, sem associar Theodorico à vilania e o "povo" ao sofrimento digno dos heróis. Theodorico é sedutor e carismático, até chora quando se lembra da mulher, muito doente.

Coutinho ainda mostra a autoridade de Theodorico, que obriga os empregados a votarem, que criou uma lista de regras que tem de ser seguida e que organiza, anualmente, um desfile para exibir os produtos

---

[14] Assim como o título de coronel, o de major é legado das patentes concedidas pela Guarda Nacional aos latifundiários do nordeste no século XIX.

de sua fazenda. Como ele diz: "Enquanto os militares desfilam suas armas no 7 de setembro, eu desfilo meus bois".

No lugar do povo, Coutinho se esforça para construir um retrato da elite por meio da figura de Theodorico, fazendeiro e político, que, como ele mesmo diz, tem uma palavra que se aplica a ele: "fiz": "Fiz estábulo, fiz escola, fiz estrada (...). Fiz, fiz, fiz". Ele credita a si mesmo o desenvolvimento da região e do interior do Rio Grande do Norte.

Enquanto Theodorico passeia, imponente, montado num cavalo, pela sua fazenda, sua voz em *off* afirma que todos os moradores têm um quadro em sua casa com uma lista de regras que dão condições para que eles possam viver na fazenda. Ele as enumera:

> É proibido aos moradores dessa propriedade: andar armado; tomar aguardente ou qualquer bebida alcoólica; jogar baralho ou qualquer outro jogo; fazer feira em outra localidade que não seja Irapuru; trazer pessoas estranhas à fazenda; sexto: usar instrumentos de trabalho como arma; sétimo: brigar com seus vizinhos ou outra qualquer pessoa; oitavo: fazer quarta doente; nono: fazer baile sem consentimento do proprietário; décimo: criar seus filhos sem aprender a ler e escrever; onze: falar mal da vida alheia; e doze: inventar doença para não trabalhar.

Sob os olhares atônitos dos moradores de uma das casas da fazenda, ele lê no quadro a observação final das regras que criou: "O morador que não cumprir os mandamentos terá 24 horas para deixar a sua casa e esta fazenda". Theodorico revela que a intenção é das melhores: "Fazer o controle para que não haja desordem".

Eduardo Coutinho pergunta ao major se a observação é cumprida no caso de alguém burlar as regras. Theodorico, para responder, pergunta a uma das moradoras: "Há tempo você está aqui? Por que não quer sair daqui?" Ela responde: "Há 29 anos. Aqui em tenho de tudo, só saio daqui *pro* cemitério". Feliz com a resposta, o major ri.

Como também observa Consuelo Lins (2004: 28-29), num outro momento do filme, enquanto o major fala da felicidade dos homens naquela residência, a montagem faz um comentário. Aparece um plano-sequência mostrando as expressões tristes da família do morador enfileirada. Essa decisão, tomada durante o processo de montagem, teve o objetivo enfaticamente de contradizer o que o fazendeiro fala, desmascarando-o diante do espectador. O recurso reforça a gravidade e o absurdo do mundo como é concebido pelo próprio Theodorico. Em nenhum momento, o filme se pretende imparcial, mas ao mesmo tempo não pretende simplesmente desmoralizar a visão de Theodorico sobre a realidade em que vive. Mais do que isso: quer entendê-la na sua complexidade, nas suas ambigüidades, sem deixar de denunciar e de contestar.

Enfim, é um desmascaramento que não tem a intenção de conceber o Theodorico como o "diabo do sertão". Isto porque a opção do cineasta não foi a de criar um personagem que represente o coronelismo, repleto de "rígidos traços típico-sociais". Interessou ao cineasta expor a visão de mundo do personagem, o ponto de vista específico que ele tem sobre o mundo e sobre si mesmo. Isto fica evidente, uma vez que é o próprio major que, nas conversas com Coutinho, com seus empregados e amigos, vai construindo a realidade e fundamentando a sua razão de ser, sem que o filme precise declarar sua posição, com avaliações conclusivas, sobre o que é dito e visto. O diretor escolheu levantar a questão, dando conta de um caso bem específico, sem cair em maniqueísmo.

Theodorico é, sobretudo, um tipo de coronel que emerge e se modela no trânsito entre o apogeu e o declínio do coronelismo autoritário. Projeta o perfil de um "novo coronel", despido das características anteriores de truculência, jaguncismo, desacato às autoridades constituídas que lhe estorvassem os propósitos particulares; adapta-se às mudanças de sua época – pacifismo, moradores desarmados, colaboração às instituições governamentais –, exercendo um controle que não era só pela força física, mas pela sedução e pelo medo do poder.

O documentário, além de escapar do padrão do próprio *Globo Repórter*, conseguiu perceber elementos mais complexos na relação entre o dominador e seus dominados, já no título posicionando-se criticamente. Ainda atual, está presente no documentário a falta de perspectivas sociais e econômicas no nordeste brasileiro que, em muito, se deve à manutenção do coronelismo como modo de dominação.

Exu, uma Tragédia Sertaneja

Esta autonomia não se repetiu em outros filmes, como em *Exu, uma tragédia sertaneja*, em que o formato-padrão de reportagem, como veremos, se impõe, o que não invalida as suas mensagens políticas. Sobre sua experiência no *Globo Repórter*, Coutinho resume a Ridenti (2000: 324):

> Liberdade de expressão não encontrei e já sabia que não ia encontrar. Mas, primeiro, eu voltei para o cinema, depois de 10 anos, e já foi ótimo. Segundo: eu nunca tinha feito documentário, negócio incrível; na *Globo* eu ganhava para aprender a fazer documentário. Em terceiro lugar: durante 1975-79, havia uma censura externa. Várias vezes, não precisava a *Globo* censurar, era o Executivo que censurava. Algumas vezes a gente brigava junto, contra a censura. Eu tinha um filme sobre seca [refere-se a *Seis Dias de Ouricuri*], de 1976. Mostrei para o Armando Nogueira, que ficou encantado, aceitou. Era mais fácil trabalhar na *Globo* em 1970 do que hoje, naquele momento não era a *Globo* que censurava. De 1979 para diante, muda inteiramente: o governo abre e a *Globo* fecha.

Coutinho não cita, mas o ano de 1978 também foi extremamente particular para o programa. No dia 31 de outubro, é censurado o documentário de João Batista de Batista de Andrade, *Wilsinho Galiléia*, sobre a vida e morte do criminoso homônimo que acumulava, desde os 14 anos até os 18 anos, quando é fuzilado pela polícia, mais de 15 homicídios e diversos assaltos. Ao enfocar a sua vida, as condições sociais, sua história pessoal e familiar e o depoimento de amigos e transeuntes fascinados pela vida do bandido, o filme não constrói um "monstro" e isso não agradou à Censura Federal que proibiu a sua exibição no dia em que iria ao ar (CAETANO, 2004: 34-40). Além dos prejuízos para a *Rede Globo*, que teve de reprisar o capítulo da novela *Dacin´ Days*, o *Globo Repórter* e seus cineastas começaram a ser fortemente vigiados pela emissora, a ponto de inviabilizar a permanência deles no programa, que cairia "nas mãos de repórteres de vídeo" nos anos 1980[15] (ANDRADE, 1998: 69; MILITELLO, 1997: 22-34). Acredito que daí venha a indagação de Coutinho sobre a dificuldade de trabalhar a partir do ano de 1979.

Exibido em 16 de janeiro de 1979, como *Globo Repórter Documento*, o documentário era anunciado pelo *Caderno B* do *Jornal do Brasil* como o retrato da "briga das famílias Sampaio e Alencar que se arrasta desde 1949 com mortes violentas de lado a lado" (16/11/1979: 07). Com depoimentos do cantor e compositor Luiz Gonzaga, natural da cidade de Exu, em Pernambuco, e de membros das duas famílias, o diretor explora "a realidade em que se dá a disputa, as tentativas de solução, onde até a intervenção federal já foi sugerida. Uma realidade onde tudo é política e, ao mesmo tempo, tudo é família" (*Folha de S.Paulo*, 15/01/1979: 30).

Na primeira semana de setembro de 1978, quanto a equipe iniciou as filmagens, foi realizado o funeral de Zito Alencar, mais uma das vítimas da briga entre as famílias. Coutinho entrevista os parentes da vítima. Uns cobram por paz, outros querem vingança. É este clima de rivalidade que marca a primeira parte de *Exu, uma Tragédia Sertaneja*. O narrador oficial do *Globo Repórter*, Sérgio Chapelin, aumenta a tensão:

> Há 30 anos os Sampaio e os Alencar se matam em Exu, impunemente. A briga tem motivações políticas, exasperadas por um código de honra que prescreve a vingança privada como forma de justiça. O saldo até agora é de 12 mortos: 7 Alencar e 5 Sampaio, sem contar os vários atentados. Numa cidade arrasada pela violência, há uma esperança: a conciliação em torno de Luís Gonzaga, o filho mais ilustre da terra, que construiu um hotel na cidade e prepara a instalação de um açougue e de uma pequena indústria de feijão.

---

[15] Em 1983, no lugar de Paulo Gil Soares, Roberto Feith assume como editor-chefe do programa, que passa por reformulações editorias, abandonando, aos poucos, o formato documental e os cineastas, e trabalhando com repórteres como Mauro Ritcher, Otávio Escobar, Mônica Labarthe e Jotair Assad. Em 1986, quando Jorge Pontual assume, já não cabe a permanência de nenhum cineasta. Entra em ação o "repórter-herói", que não tem formação cinematográfica.

Depois, com a câmera passeando por uma cidade humilde e abandonada, movimentada por meia dúzia de pessoas participando do desfile em comemoração ao dia da Independência, em meio ao luto vivido na cidade, uma mulher lê um discurso da Prefeitura sobre os acontecimentos:

> A cada dia que passa, o Brasil torna-se maior, mais importante e moderno. Já não existe a imagem de um país subdesenvolvido. As indústrias, as estradas, nossos centros de artes e cultura, nosso progresso na comunicação e nos transportes nos garantem uma posição de prestígio. A paisagem do Nordeste, especialmente de Pernambuco, é o retrato de um povo forte e cheio de entusiasmo pelo futuro. Portanto, caros jovens e senhores, não gastai o vosso tempo com coisas supérfluas.

Nesta cena, uma das mais interessantes do documentário, alguns moradores de Exu olham atônitos para a mulher sem muito bem entender a modernidade a que ela faz referência em sua fala. As imagens e os depoimentos que vêm a seguir tratam de desmontar este otimismo, revelando a falta de perspectivas dos trabalhadores da cidade, em que ganha mais quem é pistoleiro.

Depois, desfila na tela uma sucessão de depoimentos dos integrantes das duas famílias, todos com medo dos atentados e dos assassinatos, que, como informa o narrador, estão em uma média de cinco por ano. Mesmo assim, o juiz e o delegado do município afirmam que se está vivendo um momento de muita tranqüilidade. Logo em seguida, José Peixoto Alencar, que vive entrincheirado em suas terras, denuncia: “Fui seguramente informado que vou ser assassinado na minha fazenda por um grupo deles”.

Outro momento interessante do filme é quando o cineasta volta a câmera para um grupo de trabalhadores, perguntando suas opiniões sobre a disputa entre as famílias. Explica um: “Isso aí ninguém pode lhe dizer. Nós somos pobres e não podemos entender. É coisa de gente rica”. Outro completa: “O pobre serve para ser pistoleiro”. Mais à frente, uma mulher diz: “Não sei como a gente consegue viver aqui. Não tem emprego. Só Deus mesmo”.

Esta oposição entre as falas dos membros das famílias e a dos moradores de Exu é o que há de mais interessante no documentário. O problema perde as suas dimensões estritamente pessoais. Na dicotomia entre a visão dos poderosos e a dos excluídos, entram em cena as mazelas sociais conseqüentes dos confrontos: a sedução do "dinheiro fácil" do trabalho como pistoleiro, a falta de oportunidades de emprego e o abandono da Prefeitura, preocupada em apaziguar o clima de guerra da cidade. Oposição que só não choca mais por causa da enorme quantidade de pequenas entrevistas.

Depois dessa sucessão de pequenos depoimentos, enquanto a câmera capta os rostos desolados dos moradores, o narrador sentencia, em tom grave:

> A discussão sobre se a briga é de política ou de família é uma perda de tempo. No sertão do nordeste, como em muitos outros pontos do interior do país, toda briga crônica de família é política e toda briga política é de família. Porque, nesses lugares, o domínio pertence a oligarquias formadas por grupos de parentela ou clãs. Numa sociedade de parentelas, não existe norma jurídica impessoal. Tudo é pessoal, familiar. Não existe consciência comunitária. Com uma divisão social do trabalho rudimentar, também não existem grupos profissionais. Em suma, não existe cidadão.

Coutinho ainda pergunta a mais um morador: "Qual é a solução para acabar com a briga de Exu?". Da janela de sua casa, ele responde: "O Governo podia acabar, se quisesse".

Considerações finais

Diferente das experiências de *Seis Dias de Ouricuri* e *Theodorico, o Imperador do Sertão*, em que o diretor pouco aparece na coleta dos depoimentos, no último documentário analisado prevalece uma estrutura narrativa jornalística em que "o diretor/repórter faz entrevistas, como forma de informar ao telespectador o clima de medo vivido em Exu" (MILITELLO, 1997: 121), assumindo o formato de uma reportagem especial.[16] Ainda para Militello (1997:125), este documentário é exemplar da "transição do formato cinematográfico para o teledocumentário na produção do Globo Repórter e que influenciou o novo formato que se estabeleceu na década de 80". Se nos anos 1970, o programa era feito em película, em formato de documentário, por diversos cineastas e com a presença tímida do diretor ou do repórter na tela, ficando em primeiro plano o depoente, na década de 1980, ao contrário, prevalece a figura do repórter como "mestre-de-cerimônias" – sempre presente na imagem e muitas vezes mais importante que o próprio tema (LINS, 2004: 20).

Nos três documentários, como vimos, estão presentes algumas das contradições existentes no Brasil da época: em um, a seca e o flagelo social que ela provoca; em outro, a visão de mundo do major Theodorico Bezerra; e, no último, a simbiose entre política e família no sertão nordestino. De maneiras distintas, está presente uma visão crítica da realidade do povo sertanejo. Em *Seis Dias de Ouricuri* e em *Theodorico, o Imperador do Sertão*, principalmente, as contradições são mais evidentes e, extrapolando o conteúdo, conseguem mais liberdade formal. Já em *Exu, uma Trajetória Sertaneja*, realizado num período de transição do *Globo Repórter* para uma era de grandes reportagens, percebe-se o predomínio de entrevistas em detrimento de depoimentos e uma atuação cada vez mais presente do diretor como repórter.

Interessou-me observar, nestas páginas, de maneira preliminar, que a televisão brasileira, ao empregar artistas de esquerda como Eduardo Coutinho, estava se reforçando como indústria cultural, esvaziando suas utopias revolucionárias, mas, ao mesmo tempo, deixando em evidência os seus limites na construção de uma identidade nacional atrelada ao projeto militar – desenvolvimentista, ufanista e conservador.

---

[16] Aqui não cabe entrar na complexa discussão sobre as convergências e divergências entre "grande reportagem" e "documentário". Limito-me, neste momento, à distinção feita por Militello (1997: 08): "É importante destacar que o cinedocumentário produzido pelos cineastas brasileiros, através do *Globo Repórter*, sempre foi eminentemente autoral, caracterizando-se assim como documentário. Já a fase posterior, a do teledocumentário, é caracterizada como a fase da reportagem e, dessa maneira, o factual torna-se importante no processo de produção do *Globo Repórter*".

Quando programas como esses foram exibidos, o país dos excluídos, o "Brasil profundo", entrou nas telas dos brasileiros, em rede nacional. A crítica existia, mesmo que servindo às lógicas do mercado.

Referências

ADORNO, Theodor; HORKHEIMER, Max. *Dialética do Esclarecimento*. Rio de Janeiro: Jorge Zahar Editor, 1985 [1944].

ANDRADE, João Batista de. "O povo fala: um cineasta na área de informação da TV brasileira". São Paulo: USP, 1998 (Tese para Doutoramento Direto em Ciências da Comunicação).

BARBOSA, Marialva; RIBEIRO, Ana Paula Goulart. "Telejornalismo na Globo: vestígios, narrativa e temporalidade". *In:* BOLAÑO, César; BRITTOS, Valério Cruz (orgs). *Rede Globo: 40 anos de poder e hegemonia*. São Paulo: Paulus, 2005.

BERG, Creuza de Oliveira. *Mecanismos do silêncio: expressões artísticas e censura no regime militar (1964-1984)*. São Carlos: EdUFSCar, 2002.

CAETANO, Maria do Rosário. *João Batista de Andrade: alguma solidão e muitas histórias*. São Paulo: Imprensa Oficial, 2004.

CARVALHO, Elizabeth. "A década do jornal da tranqüilidade". *In*: CARVALHO, Elizabeth *et alii*. *Anos 70: televisão*. Rio de Janeiro: Europa, 1980, p. 31-47.

KEHL, Maria Rita. "Eu vi um Brasil na TV". *In:* COSTA, Alcir Henrique; KHEL, Maria Rita e SIMÕES, Imaná. *Um país no ar: a história da TV brasileira em três canais*. São Paulo: Brasiliense/ Funarte, 1986, p. 169-276.

FICO, Carlos. *Reinventando o otimismo: propaganda, ditadura e imaginário no Brasil*. Rio de Janeiro: FGV, 1997.

FREIRE FILHO, João. "A TV, os literatos e as massas no Brasil". *In*: *Contracampo*. Niterói: UFF, v. 8, n. 1º, 2003, p.105-124.

______. "Memórias do mundo-cão: 50 anos de debate sobre o nível da TV no Brasil". *In*: LOPES, Maria Immacolata Vassallo;

BUONNANO, Milly (orgs.). *Comunicação Social e Ética: Colóquio Brasil-Itália*. São Paulo: Intercom, 2005, p. 164-180.

FREIRE RAMOS, Alcides. "Sob o signo da estética do lixo: as parcerias de Fernando Peixoto com Maurice Capovilla e João Batista de Andrade". *In*: *Fênix - Revista de História e Estudos Culturais*, v. 2, n. 3, p. 1-13. Uberlândia: UFU, 2005.

JAMESON, Fredric. "Reificação e utopia na cultura de massa". *In*: ______. *As marcas do visível*. Rio de Janeiro: Edições Graal, 1995 [1979].

LINS, Consuelo. *O documentário de Eduardo Coutinho: televisão, cinema e vídeo*. Rio de Janeiro: Jorge Zahar, 2004.

MANNHEIM, Karl. *Ideologia e utopia*. Porto Alegre: Globo, 1950 [1929].

MILITELLO, Paulo. "A transformação do formato cinedocumentário para o formato teledocumentário na televisão brasileira: o caso Globo Repórter". Dissertação de Mestrado em Ciências da Comunicação. São Paulo: USP, 1997.

MOTA, Regina. *A épica eletrônica de Glauber: um estudo sobre cinema e TV*. Belo Horizonte: UFMG, 2001.

ORTIZ, Renato. *A moderna tradição brasileira - cultura brasileira e indústria cultural*. São Paulo: Brasiliense, 2001 [1988].

PELEGRINI, Sandra. "A teledramaturgia de Oduvaldo Vianna Filho: da tragédia ao humor – a utopia da politização do cotidiano". Tese de Doutorado em História Social. São Paulo: USP, 2000.

RIDENTI, Marcelo. "Artistas e intelectuais no Brasil pós-1960". *In*: "Artistas e intelectuais no Brasil pós-1960". *In*: *Tempo Social - Revista de Sociologia da USP*. São Paulo: v. 17, n. 1, p. 81-110, 2005.

______. *Em busca do povo brasileiro: artistas da revolução, do CPC à era da TV*. Rio de Janeiro: Record, 2000.

WANDERLEY, Sônia. "A construção do silêncio: a Rede Globo nos projetos de controle social e cidadania (décadas 1970/1980)". Dissertação de Mestrado em História. Niterói: UFF, 1995.

2.3.2. Cineastas de Esquerda Não Encaravam a TV como Inimiga

Ana Paula Goulart Ribeiro

Professora do Programa de Pós-graduação em Comunicação da Universidade Federal do Rio de Janeiro

Igor Sacramento é um aluno como poucos. Ainda na graduação, apresentava grande interesse pelos conteúdos trabalhados em sala de aula e lia atentamente todos os textos indicados. Acompanhava as discussões, fazia perguntas instigantes e, como não poderia deixar de ser, sempre teve excelente desempenho nas avaliações. Foi, para mim, uma satisfação orientá-lo na realização da sua monografia de final de curso, quando ele decidiu estudar a televisão brasileira, mais especificamente a *TV Globo* e uma das suas mais importantes produções, o *Jornal Nacional*. Naquele momento, ele queria investigar o papel que o primeiro telejornal de rede do país teve na construção de uma dada identidade nacional no contexto da ditadura militar.

Mal concluiu a graduação, Igor Sacramento quis fazer o mestrado. Foi aprovado no processo de seleção do Programa de Pós-graduação em Comunicação da UFRJ com uma ótima colocação. Para minha sorte, eu não apenas continuaria a tê-lo como aluno, como também prosseguiria como sua orientadora. O seu objeto de estudo permaneceria a televisão, mas dessa vez o alvo seria o programa *Globo Repórter*.

Criado em 1973, sob a direção de Paulo Gil Soares, o *Globo Repórter* trazia documentários de cineastas como João Batista de Andrade, Eduardo Coutinho, Walter Lima Jr., Maurice Capovilla e Hermano Penna. Esses artistas – quase todos ligados à militância de esquerda e praticantes de um cinema politicamente engajado – trouxeram para a TV temáticas inovadoras e muito experimentalismo em termos de linguagem.

Igor Sacramento se propôs a estudar o movimento que levou esses artistas para a televisão, considerando o contexto mais amplo do regime militar e da consolidação do mercado de bens culturais no Brasil. É importante sublinhar que esses cineastas de esquerda não encaravam a TV como inimiga. Ao contrário, a maioria deles a via como uma poderosa aliada. Acreditavam que, num meio de comunicação de amplo alcance, eles conseguiriam finalmente levar as suas criações para um público popular e extenso, poderiam mostrar a realidade do país para milhares de espectadores.

A integração desses artistas à grande mídia, entretanto, foi marcada por tensões e contradições, que Igor se propõe a estudar. Mas o pesquisador se distancia daqueles autores que acreditam que a televisão cerceou a liberdade de criação desses intelectuais e esvaziou de conteúdo crítico as suas obras, tornando-os meros produtores de espetáculo e entretenimento. No *Globo Repórter*, ainda que inseridos numa lógica de mercado, os cineastas tiveram espaço para inovar do ponto de vista estético e para criticar, mesmo que de forma velada, o regime.

Assim, depois de estudar o *Jornal Nacional*, telejornal da *TV Globo* comprometido com um projeto hegemônico de nação, Igor se propõe a pesquisar um outro programa da mesma emissora que mostrava aos telespectadores diversos outros "brasis", esquecidos pelo discurso conservador dos militares. O deslocamento consolidou um fértil caminho de reflexão e demonstra um claro amadurecimento do pesquisador.

Estimulada pelas reflexões do meu orientando e por minhas próprias pesquisas sobre televisão e sobre a *Globo*, decidi montar, no primeiro semestre de 2006, um curso na pós-graduação sobre o assunto. O objetivo era refletir a respeito da produção acadêmica sobre a televisão brasileira. Propus aos alunos uma leitura sistemática dos trabalhos e pesquisas que – da década de 1970 até hoje – tomaram a televisão como objeto. Buscamos mapear os fundamentos teóricos e metodológicos utilizados, tentando perceber como eles foram se modificando ao longo dos anos. A televisão brasileira foi analisada a partir das diferentes abordagens: como dispositivo de funcionamento em produção e recepção; como construto discursivo e estético (nos seus diferentes gêneros: jornalismo, dramaturgia e entretenimento); como dispositivo tecnológico que media relações socioculturais; como empresa, etc.

O curso foi muito produtivo e a participação do Igor, como sempre, foi intensa. Naquele momento, acho que nós dois afinamos nossos olhares e perspectivas, e pudemos pensar de forma clara os caminhos a serem seguidos pela pesquisa. No final, depois de avaliar a bibliografia existente, tínhamos a certeza de que a sua investigação deveria se constituir num esforço para repensar o modo de se fazer a história da televisão no Brasil.

A proposta era dar conta desse objeto tão complexo, tão multifacetado, que é a televisão, da forma mais "multiperspectívica" possível. Considerar o contexto político, socioeconômico e cultural, sem perder de vista a dinâmica interna de funcionamento dessa mídia, as suas lógicas profissionais e empresariais, e também o seu valor estético e representacional.

A idéia também era romper com perspectivas maniqueístas, demonizadoras tanto da televisão como veículo de comunicação quanto da *TV Globo* como emissora. Se, por um lado, a televisão não pode ser pensada como uma dimensão neutra e desinteressada, também não pode ser entendida como um monstro propagador de ideologias e manipulador de consciências. Pensar assim é desconsiderar toda a sua lógica de funcionamento, que não é autônoma, não é fechada em si mesma, e sim dinamizada pela ordem social. A TV, como qualquer veículo de comunicação, funciona em meio a um conjunto de mediações, que definem os seus parâmetros de ação, na mesma medida em que também são influenciadas por ela. Existem atores sociais, existem lutas, espaços de negociação e de realização de conflitos, e é em meio a isto que a televisão existe e atua.

Tendo isto em mente, Igor começou a trabalhar na sua dissertação. Os primeiros resultados parciais da sua análise ele apresentou sob a forma de artigo no Congresso Brasileiro de Ciências da Comunicação, promovido pela Intercom em setembro de 2006. No texto, intitulado

"Coutinho na TV: um cineasta de esquerda fazendo jornalismo", que é aqui publicado, o pesquisador escolheu trabalhar com a produção de um único dos cineastas do *Globo Repórter*: Eduardo Coutinho.

O recorte se justifica. A trajetória de Eduardo Coutinho é paradigmática. O cineasta foi ligado ao CPC (Centro Popular de Cultura) e também sofreu influências dos ideais artísticos do Cinema Novo. Foi um intelectual que viveu intensamente o momento político-cultural dos anos 1960. Na década seguinte, produziu para o *Globo Repórter* documentários como *Seis Dias de Ouricuri*, *Theodorico, o Imperador do Sertão* e *Exu, uma Tragédia Sertaneja*. Igor analisa cada um desses trabalhos, procurando perceber os alcances e os limites que a indústria da cultura impôs às escolhas do cineasta do ponto de vista de linguagem e de conteúdo.

Lendo o texto do Igor Sacramento, para mim, fica clara a importância da sua pesquisa e as contribuições que o seu trabalho pode trazer para os estudos sobre a televisão no Brasil. Um dos principais méritos da sua investigação, a meu ver, é que ela alia com muito equilíbrio reflexão teórica e pesquisa empírica. Além da análise detalhada dos documentários que foram ao ar no *Globo Repórter*, Igor se propõe a fazer um levantamento sistemático de tudo o que foi publicado sobre o programa e sobre a *TV Globo* na imprensa da época. Pretende também entrevistar alguns jornalistas e cineastas envolvidos na produção dos documentários. Acredito que somente assim, com embasamentos e não "achismos", é possível avançar na reflexão sobre um tema.

2.4. Prêmio Freitas Nobre

2. 4.1. Auto-retrato

Geane Carvalho Alzamora

Em minha dissertação de mestrado *A Crítica de Artes Plásticas na Imprensa Escrita – uma abordagem peirceana* (PUC-SP, 1996 – bolsa CNPq), finalista do Prêmio Intercom 1997 e também orientada pela prof. Drª Maria Lucia Santaella Braga, iniciei os agradecimentos dizendo que um trabalho acadêmico é delineado pela conjugação das referências bibliográficas e afetivas. Continuo pensando assim e, por isso, gostaria de destacar mais uma vez a participação da professora Drª Maria Lucia Santaella Braga em minha formação acadêmica. Venho acompanhando a sua produção bibliográfica desde minha monografia de conclusão de curso em Jornalismo, *A Hora da Estrela – tradução intersemiótica* (PUC Minas, 1990), sob orientação da professora Francesca Azzi. De lá para cá, muito aprendi com Lúcia e dela muito carinho e incentivo tenho recebido.

O convite que ela e o professor Dr. Winfried Nöth me fizeram para integrar a equipe de pesquisadores do projeto 118/00 Probal - *Estudo Intercultural, Brasil e Alemanha, das Relações entre Palavra e Imagem nas mídias (jornal, publicidade e hipermídia)* foi fundamental para minha pesquisa de doutorado *Comunicação e Cultura na Internet – em busca de outros jornalismos culturais* (PUC-SP/Brasil; Unikassel/Alemanha, 2005 – bolsa Capes). Em conseqüência desse convite, entre setembro de 2003 e março de 2004 desenvolvi atividades de pesquisa na Universidade de Kassel, especificamente no *Interdisziplinäre Arbeitsgruppe Kulturforschung/ Unikassel*, sob orientação do prof. Dr. Winfried Nöth.

Em minha pesquisa de doutorado investiguei os fluxos de informação cultural no ciberespaço com base em uma metodologia experimental, fundada na produção e debate de artigos científicos produzidos por uma comunidade virtual especialmente criada para esse fim. Coordenado pelo professor Carlos Henrique Falci e por mim, o projeto *Jornalismos Culturais na Rede* (www.fca.pucminas.br/jornalismocultural) recebeu, entre 2002 e 2004, financiamento da PUC Minas e do Centro Universitário de Belo Horizonte, o que permitiu a participação de oito professores e 12 alunos bolsitas, além de diversos professores e alunos voluntários nas duas instituições. O projeto contou ainda com a colaboração constante de professores da Universidade da Beira Interior (Portugal) e com a participação eventual de jornalistas e pesquisadores de diversas universidades brasileiras. Resultados desse projeto foram sistematizados na coletânea *Cultura em fluxo – novas mediações em rede* (Editora PUC Minas, 2004), organizada por André Brasil, Carlos Henrique Falci, Eduardo de Jesus e eu.

A experiência adquirida com o projeto *Jornalismos Culturais na Rede* fundamentou a criação do grupo de pesquisa (PUC Minas/CNPq) *Comunicação e Redes Hipermidiáticas*, que atua em duas linhas de investigação: *Metodologias de Pesquisa em Rede* e *Ciberjornalismo e Ciberliteratura* (www.fca.pucminas.br/saogabriel/emredes). Este grupo, coordenado por mim, reúne pesquisas de Graduação, Mestrado e Doutorado, além de pesquisa financiada pelo FIP/PUC Minas.

Na PUC Minas, onde me graduei e aprendi a ser professora, a prática da pesquisa tem sido a tônica de meu cotidiano. Entre 1999 e 2005, coordenei o Laboratório de Projetos Experimentais do curso de Comunicação Social. Em 2005, ainda sob minha coordenação, o LPE transformou-se no Centro de Pesquisa em Comunicação (www.fca.pucminas.br/cepec), cujo acervo totaliza 819 pesquisas de conclusão de curso. Com os oito professores que integram a equipe do Cepec, professores orientadores que lecionam no curso e alunos das habilitações Jornalismo, Publicidade e Propaganda e Relações Públicas, muito tenho aprendido sobre o fugidio objeto da comunicação e suas inquietantes práticas metodológicas.

Entre as atividades acadêmicas que desenvolvo na PUC Minas, destaco ainda a participação na comissão que elaborou o projeto pedagógico do curso de graduação em Comunicação Social – Gestão de Comunicação Integrada (*campus* São Gabriel, 2001) e na comissão que reformulou o projeto pedagógico do curso de graduação em Comunicação Social (*campus* Coração Eucarístico, 2003). Para além da PUC Minas, integro, desde 2004, o banco de avaliadores do Sistema Nacional de Avaliação da Educação Superior (Sinaes/Inep/MEC).

Gostaria de enfatizar os incentivos que venho recebendo na PUC Minas na área de pesquisa, que me permitiram continuar investigando entre a conclusão de meu Mestrado e o o início de meu Doutorado. Destacam-se, nesse período, as pesquisas financiadas pela instituição *Crítica de Arte Digital na Imprensa Escrita – características e possibilidades* (FIP/PUC Minas, 1998) e *Crítica Online de Web Art – considerações e experimentações de linguagem* (FIP/PUC Minas, 2000), desenvolvidas com a participação de dois alunos bolsistas e de quatro alunos voluntários. Essas pesquisas estão intimamente relacionadas a minha experiência profissional como jornalista. Entre 1992 e 1997, atuei como repórter, articulista, colunista e crítica de cinema na imprensa mineira, com passagens pelos cadernos de cultura dos jornais *Estado de Minas*, *Hoje Em Dia* e *O Tempo.*

Com base em minhas experiências jornalísticas e acadêmicas, tenho lecionado as disciplinas de graduação *Semiótica* e *Jornalismo Cultural;* e de pós gradação *lato sensu Novas Tecnologias Aplicadas às Artes e à Cultura* (MBA em Gestão Cultural – UNA-Belo Horizonte), *Oficina de produção de textos: a crítica e suas contaminações* (especialização em Processos Criativos em Palavra e Imagem – IEC/PUC Minas), *Sociedade Digital – Ética, Estética, Técnica* e *Teorias da Comunicação Contemporânea* (especialização em Gestão Estratégica da Comunicação - IEC/PUC Minas).

Desde o começo de 2006, enfrento um novo desafio como pesquisadora: integro o corpo docente do recém-criado Programa de Pós-graduação em Comunicação Social – Interações Midiádicas (PUC Minas), no qual sou responsável pela disciplina *Redes Sociotécnicas.* Este programa, suponho, nos abrirá novas frentes de investigação.

Meus interesses atuais trafegam pelas temporalidades emergentes no ciberespaço. Especificamente, muito me interessa o desenvolvimento de modelos teóricos relacionados às interações sociocomunicacionais mediadas por interfaces hipermidiáticas, assim como os ambientes colaborativos de informação, relacionados aos dispositivos contemporâneos de comunicação.

Entre minhas principais publicações, destaco *Zwischen Print- und Hypermedia: die digitalen Ausgaben der Wochenzeitschriften Época (Brasilien) und Focus (Deutschland)* (*In:* MALAGUTI, Simone; GAMBARATO, Renira; ALZAMORA, Geane. *Brasilien und Deutschland: Vergleiche*, no prelo); *Giornalismo su internet: paradigmi emergenti dell'informazione culturale* (*In:* SCOLARI, Carlos; BERTETTI, Paolo. *La semiotica dei media in America Latina* – Semiotiche 6/07, Turin/Itália, 2006); *Para além do jornalismo de massa – a diversidade da informação cultural na internet* (*In:* PINTO, Julio; SERELLE, Márcio. *Interações Midiáticas*, Editora PUC Minas, 2006); *Considerações semióticas sobre a natureza da informação webjornalística* (Razón y Palabra, México, 2002) e *Por um modelo de comunicação hipermidiática* (Recensio – Revista de Recensões/ Portugal, 2002).

As oportunidades de discussão dos trabalhos que venho produzindo desde o Mestrado, em congressos nacionais e internacionais, são de extrema relevância para o aprimoramento dos mesmos. Nesse sentido, destaco as contribuições dos colegas do núcleo de pesquisa Semiótica da Comunicação (Intercom), do qual tenho participado regularmente desde o congresso de Santos, em 1997.

2. 4.2. Da Semiose Midiática à Semiose Hipermidiática: Jornalismos Emergentes[1]

Geane Carvalho Alzamora[2]

Resumo

Este trabalho discute a semiose da informação jornalística na internet, tendo por referência comparativa a semiose da informação jornalística nos meios de comunicação de massa. A partir da semiótica peirceana, considera-se que a lógica comunicacional da internet privilegia aspectos da operação semiótica de representação sígnica, ao passo que a lógica comunicacional dos meios de massa privilegia aspectos da operação semiótica de determinação sígnica. A operação semiótica de representação, aqui relacionada à diversificação dos processos de mediação social, envolve a operação semiótica de determinação, aqui relacionada a centros privilegiados de mediação social. Essas operações são complementares na semiose. Nessa perspectiva teórica, formatos emergentes de informação na internet não significam rupturas com o jornalismo de massa, mas o aprimoramento semiósico de sua lógica comunicacional.

---

[1] Trabalho apresentado ao NP Semiótica da Comunicação, do VI Encontro dos Núcleos de Pesquisa da Intercom.

[2] Jornalista, doutora em Comunicação e Semiótica (PUC-SP) e professora na FCA/PUC Minas, onde coordena o grupo de estudos (CNPq) 'Comunicação e Redes Hipermidiáticas' e o Centro de Pesquisa em Comunicação (www.fca.pucminas.br/cepec). Geane Alzamora é uma das organizadoras da coletânea *Cultura em fluxo – novas mediações em rede* (Editora PUC Minas, 2004). geanealzamora@uol.com.br.

Palavras-chave

Semiose; jornalismo; hipermídia.

O jornalismo nas mídias e na hipermídia

O jornalismo de massa funda-se no pressuposto de que é possível transmitir uma mesma mensagem para uma quantidade tão mais ampla quanto possível de receptores heterogêneos e dispersos geograficamente. Nesse contexto comunicativo, a ação dos receptores sobre a composição das mensagens midiáticas é limitada e sempre mediada pelos jornalistas, que definem o que deve ou não ser midiaticamente veiculado.

Essa lógica comunicacional disseminou-se ao longo do século XX, delineando os diversos meios de comunicação de massa. Os primeiros anos do século XX foram berço da expansão da mídia impressa, da qual o jornal é o grande expoente; já o rádio foi o meio de comunicação de massa que mais fortemente marcou o período entre guerras. A partir dos anos 50, a popularização gradativa da televisão incrementou a comunicação de massa, cujo apogeu remonta aos anos 70 (MARCONDES, 2000).

Os anos 80, porém, marcaram o início da era da personalização e da segmentação, com a entrada dos videocassetes e dos satélites no mercado. De modo limitado e parcial, a individualização do processo comunicativo teve início, por exemplo, com a possibilidade de o receptor gravar programas televisivos para assisti-los em outros horários. Posteriormente, a diversidade de canais pagos incrementou esse processo de segmentação da informação. A multiplicação das editorias jornalísticas, que segmentam assuntos e abordagens, data desse período.

Entre os anos 80 e 90, observou-se gradativa alteração na lógica social da comunicação. Aos poucos, a lógica da oferta, que caracteriza os meios de comunicação de massa, foi sendo substituída pela lógica da demanda, que caracteriza a comunicação hipermidiática. A lógica da oferta funciona por emissão de mensagens, ao passo que a lógica da demanda funciona por disponibilização e acesso.[3]

---

[3] Sobre o assunto, ver PALÁCIOS, 2003, *In*: www.fca.pucminas.br/jnc; WOLTON, 2001.

Ao longo do século XX, as mídias de massa foram se tornando formas híbridas de linguagem e compondo uma teia de relações denominada por Santaella (1992) de rede intermídia. A hipermídia consolida e refina a noção de rede intermídia. Além de integrar a rede intermídia e de se caracterizar justamente por ser um processo comunicativo que opera em rede, a hipermídia ainda condensa, de modo bastante peculiar, os dispositivos semióticos oriundos de mídias de massa impressa, radiofônica e audiovisual. A proliferação de formatos variados de informação e a diversificação dos processos de mediação social caracterizam a rede hipermidiática, diferenciando-a, sob diversos aspectos, da mediação social nos meios de massa.

Processos de mediação social nas mídias e na hipermídia

A função mediadora está intimamente relacionada à linguagem, ou seja, à capacidade de se produzirem informações codificáveis e decodificáveis segundo os hábitos de comunicação de emissores e receptores. Essa perspectiva leva em conta "um poder originário de descriminar, de fazer distinções, portanto de um lugar simbólico, fundador de todo conhecimento" (SODRÉ, 2003, p. 21). A mediação no jornalismo de massa deriva dessa perspectiva, que favorece a existência de centros privilegiados de emissão.

Processos de mediação social se corporificam signicamente em mensagens que podem ser tecnicamente veiculadas. Meios técnicos de comunicação (também chamados veículos, canais ou suportes) são, porém, um modo entre outros de se favorecer a mediação social. Sodré (2003) distingue instituições mediadoras[4] (família, escola, sindicato, partido, etc.) de midiatização, que se refere a

> mediações socialmente realizadas no sentido da comunicação entendida como processo informacional, a reboque de organizações empresariais e com ênfase num tipo particular de interação – a que poderíamos chamar tecnointeração – ca-

[4] Sobre mediação e mídia, ver também BARBERO, 2001; DEBRAY, 2000.

racterizada por uma espécie de prótese tecnológica e mercadológica da realidade sensível, denominada médium (SODRÉ, 2003, p. 21).

O jornalismo de massa tanto pode ser visto pelo prisma da midiatização quanto pelo prisma das instituições mediadoras que o legitimam socialmente. Em ambos, a mediação social enfatiza a formação de centros privilegiados de emissão. A diversificação das mediações sociais, típica da comunicação hipermidiática, demanda apreensão estratificada dos processos contemporâneos de mediação social. Assume-se aqui a hipótese de que o modelo da semiose de Charles Sanders Peirce pode oferecer contribuições para se compreender a questão.

Na abordagem peirceana, mediação é sinônimo de semiose, ou seja, de transformação aprimorada[5] de um signo em outro, o que resulta em comunicação[6]. Como um signo só se completa no posterior e este no seguinte, infinitamente, mediação seria a função sígnica primordial. Mediação, para Peirce, é comunicação, um processo estratificado de interações sígnicas variadas.

Na semiose, a mediação estabelece trocas sígnicas relacionadas à determinação oriunda de um pólo emissor (lugar lógico do objeto) e à representação proveniente de um pólo receptor (lugar lógico do interpretante)[7]. A operação semiótica de representação introduz, pela

---

[5] A perspectiva de aprimoramento contínuo da semiose é um preceito do pragmatismo peirceano, segundo o qual a semiose é um processo sígnico auto-corretivo e auto-gerativo. Sobre o assunto ver, por exemplo, KENT, 1987; SANTAELLA,1992.

[6] A tríade da semiose (signo, objeto e interpretante) pode ser considerada uma abstração máxima dos três elementos fundamentais de qualquer processo comunicativo (mensagem, emissor, receptor). Pela mediação, os componenetes sígnicos intercambiam informação organizada na forma de mensagem. Nessa perspectiva, comunicação é um processo dialógico que resulta da semiose. Sobre o assunto ver, por exemplo, BERGMAN, 2002; JOHANSEN, 1993.

[7] Sobre o assunto, ver SANTAELLA e NÖTH, 2004.

ação sígnica do interpretante, novas informações[8] à semiose, enquanto a operação semiótica de determinação, ao contrário, apenas direciona o fluxo sígnico da semiose rumo ao interpretante. As duas operações, que são complementares na semiose, conformam a mediação sígnica. Pela representação posterior, a semiose aprimora a determinação sígnica precedente. A mediação, portanto, circunscreve o intercâmbio das duas operações semióticas, conformando a semiose e propiciando a comunicação.

Nessa perspectiva teórica, processos transmissivos de informação privilegiariam a operação semiótica de determinação sígnica, enquanto processos interativos de informação privilegiariam a operação semiótica de representação. Nota-se que o predomínio de uma operação semiótica não significa a ausência de outra. Não há semiose sem que haja determinação e representação, embora essas operações possam aparecer em predomínios diferenciados na mediação sígnica.

Processos de mediação social[9] ambientados em meios técnicos de massa privilegiam o pólo da emissão (lugar lógico do objeto) em detrimento do pólo da recepção (lugar lógico do interpretante). Por causa disso, Cherry (1980) não os considera verdadeiramente comunicativos, preferindo denominá-los sistemas unilaterais de informação. Tais sistemas fundam-se em processos centralizados de mediação social e ancoram-se na operação semiótica de determinação[10], que governa o regime de transmissibilidade das mensagens de massa. O jornalismo exemplifica essa abordagem.

---

[8] Informação é uma espécie de matéria-prima da comunicação, uma vez que aquilo que se comunica é genericamente chamado informação. De modo heterogêneo e nem sempre preciso, o termo delineia teorias e modelos de comunicação, sendo regularmente associado a "novidade". No âmbito do jornalismo, costuma-se relacioná-lo a critérios de noticiabilidade. Na teoria de Charles Sanders Peirce, o termo aparece com relativa freqüência, sempre associado a processos de aquisição de conhecimento.

[9] Ressalta-se que processos de mediação social se corporificam signicamente em mensagens que podem ser tecnicamente veiculadas. Assim, a mediação sígnica delineia a mensagem e esta corporifica a mediação social.

[10] Sobre o assunto, ver PARMENTIER, 1985.

Processos descentralizados de mediação social, dos quais a comunicação hipermidiática é um exemplo, fundam-se predominantemente na operação semiótica de representação[11] e se traduzem, assim, em mediações sociais diversificadas e marcadamente dialógicas. A idéia de mediação em Peirce, que engloba as operações semióticas de representação e de determinação, pressupõe transmissão, atualização e associação de informações. A diversificação dos processos de mediação social observável na internet favorece o desenvolvimento da mediação sígnica defendida por Peirce e, conseqüentemente, o aprimoramento dos processos comunicacionais tecnicamente mediados.

Híbrida, multifacetada e plural, a internet abriga processos diferenciados e complementares de mediação social, dos quais emergem formatos instáveis e plurais de informação. A dinâmica de imbricação desses processos revela procedimentos semióticos diferenciados e, em certa medida, distantes da lógica comunicacional dos meios de massa.

A semiose da mediação jornalística

O jornalismo obedece à lógica da comunicação de massa e, conseqüentemente, orienta-se pela operação semiótica de determinação, que governa o regime de transmissibilidade das mensagens nos meios de massa. Pauta-se, assim, pela primazia dos emissores sobre os receptores[12], de tal modo que os jornalistas tornam-se legítimos mediadores sociais da realidade, definindo quais acontecimentos devem ou não ser destacados em forma de notícia. Nessa perspectiva, a notícia é uma espécie de representação simbólica da realidade, que deriva de processos centralizados de mediação social.

> [...] para ganhar o estatuto de notícia um fato deve passar por uma negociação que envolve o próprio acontecimento e

---

[11] Sobre o assunto, ver PARMENTIER, 1985.

[12] Teorias do jornalismo, como Agenda *Setting*, *Newsmaking*, *Gatekeeper* e Espiral do Silêncio, sublinham a primazia dos emissores sobre os receptores nos processos de mediação social relacionados à produção e à circulação das notícias. Sobre o assunto, ver, por exemplo, PENA, 2005.

> seus atributos e algumas exigências decorrentes da natureza do trabalho jornalístico. É dessa negociação que começa a tomar forma a notícia (MOTTA, 1997, p. 310).

Como se dá sob domínio da operação semiótica de determinação, o jornalismo define *a priori* quais personalidades e pontos de vistas devem permear o acontecimento noticiado. Desse modo, determina não apenas o entorno da informação, como também o seu alcance social. O jornalismo lida, assim, com uma noção de informação profundamente marcada pela transmissibilidade, que se destina prioritariamente a formar uma opinião social acerca de dado acontecimento, conformando certa representação social da realidade.

> A informação não se limita a dar conhecimento do que é de interesse público; ao fazê-lo, fá-lo de uma certa perspectiva e com uma certa finalidade. [...] a informação dada visa muito mais suscitar nos destinatários da informação um certo posicionamento ou atitude (FIDALGO, 1996, p. 11[13]).

Reportagens representam os acontecimentos pela mediação da pauta. Esta determina as representações jornalísticas da realidade e, através da mediação das reportagens, determina como o público representará os acontecimentos cotidianos destacados pela mediação jornalística. "A pauta, que leva o repórter aos acontecimentos ou às fontes, é um signo resultante da seleção e interpretação de alguma mente. Como signo, desencadeia semiose que, no caso do jornalismo, investe-se de poder determinante" (HENN, 1996, p. 56).

De um meio de comunicação de massa a outro, a lógica jornalística privilegia a mesma operação semiótica. Já a hipermídia opera em outra dimensão semiótica, que se afasta, sob diversos aspectos, da lógica da comunicação de massa. Um dos grandes desafios para o jornalismo contemporâneo é, justamente, adequar-se ao novo ambiente comunicacional e ao tipo de operação semiótica que o modela. As

---

[13] Disponível em: <http://www.bocc.pt/fidalgo-interesse-curiosidade-informacao.html>; acesso em: 15 dez. 2004.

especificidades do jornalismo hipermidiático vêm sendo intensamente discutidas há, pelo menos, um década.

> O jornalismo digital compreende não apenas o fornecimento de notícias em rede de computadores, pois algo semelhante já fluía dos velhos teletipos ou, mais recentemente, dos boletins via fax. Agora, ele traz consigo a possibilidade da interlocução do consumidor com o fornecedor, do receptor com o emissor e destes entre si. O que era onidirecional passou a ser reticular (SILVA, 1997, p. 254).

As operações semióticas que transitam na internet são potencializadas pelas características da linguagem hipermidiática, tais como multimidialidade, hipertextualidade e interatividade (LÉVY, 1999). Esses recursos aparecem de modo bastante variado na comunicação hipermidiática, revelando possibilidades diferenciadas de mediação social, como interpretação das informações veiculadas, escrita coletiva e debate[14]. De modo geral, pode-se afirmar que os recursos da linguagem hipermidiática enfatizam o predomínio da operação semiótica de representação sígnica. A atitude ativa do usuário, indispensável à operação semiótica de representação, é potencializada pelos recursos da linguagem hipermidiática, que se traduzem em processos complexos e diversificados de mediação.

A blogosfera[15] – aqui entendida como espaço virtual de interações sociais diversificadas, fundadas na perspectiva pessoal da informação – sublinha esse predomínio semiótico. O jornalismo que emerge da internet lida, em maior ou menor grau, com essa dimensão da semiose. Na medida em que insere em sua perspectiva editorial elementos da blogosfera e

---

[14] Sobre o assunto, ver PRIMO, 2004.

[15] Assume-se aqui uma perspectiva ampliada da noção de *blog*. Mais que um mero diário pessoal, *blog* se refere a formas variadas de divulgar representações pessoais dos acontecimentos, noticiáveis ou não. Esse conceito inclui diversificadas propostas comunicacionais fundadas na representação pessoal das informações, tais como *fotologs* (*flogs*), *videoblogs* (*vlogs*), *sites* de relacionamentos (como Orkut) e outras comunidades virtuais, *wikinews* e *podcasts*.

das mediações sociais que lhe são correlatas, o jornalismo da internet distancia-se das características modeladoras do jornalismo de massa.

A semiose jornalística na internet

O jornalismo da internet é uma espécie de desdobramento semiósico do jornalismo de massa. Trata-se, assim, de um novo signo, equivalente ao primeiro sob alguns aspectos, mas diferente sob outros. Nesse novo 'signo jornalístico', observam-se aspectos da lógica transmissiva dos meios de massa, como critérios de noticiabilidade[16] e processos centralizados de mediação social. Mas, contraditoriamente, também se observam aspectos da lógica comunicacional típica da blogosfera, como processos descentralizados de mediação social, que veiculam visões pessoais dos acontecimentos em formatos majoritariamente interativos.

Essa lógica híbrida de comunicação é observável, por exemplo, no jornalismo de portal. Ao mesmo tempo em que reproduzem a estrutura jornalística tradicional, os portais abrigam *blogs*, *flogs*, *vlogs*, *chats* e comunidades virtuais. A perspectiva pessoal da notícia se verifica também sob a forma de notícias postadas por internautas, freqüentemente destacadas nas *homepages* dos portais[17]. Estes atuam ainda como servidores de acesso à internet, delineando a comunicação interpessoal na internet.

Observam-se, no jornalismo de portal, processos de atualização constante de informações. Isso, obviamente, problematiza a idéia de periodicidade oriunda dos meios de massa. Na mesma medida, os sistemas de busca de informação tornam o conteúdo não disponível na edição acessível ao internauta, permitindo, assim, maior autonomia do lugar lógico da recepção na semiose jornalística[18]. Os *blogs* veiculados por portais são ilustrativos dessa nova situação comunicacional.

---

[16] Critérios de noticiabilidade referem-se à identificação de valores jornalísticos, como momento do acontecimento, intensidade, clareza, proximidade, surpresa e continuidade, entre outros. Sobre o assunto, ver, por exemplo, CANAVILHAS,2001; SOUZA, 2000.

[17] Ver, por exemplo, www.ig.com.br e www.terra.com.br.

[18] Fidalgo (2004) avalia que o webjornalismo do futuro se caracterizará mais pela escrita em forma de banco de dados que pela interatividade, atualmente enaltecida pelos pesquisadores e produtores de webjornalismo.

O Portal Uol (www.uol.com.br), por exemplo, mantém uma série de *blogs* da redação, além de relacionar *blogs* de convidados e do público. Entre os *blogs* da redação, cujas informações freqüentemente são destacadas na *homepage* do portal, observa-se uma sutil subversão da noção de editoria, que sublinha o jornalismo de massa. Embora referenciados em uma determinada perspectiva editorial, os *blogs* não têm compromissos com quaisquer recortes editoriais, nem mesmo os *blogs* da redação.

Em 02.06.2006 o *Blog do Tas*[19], referenciado pelo Uol como "Diversão e Arte", destacava a seguinte notícia: "Lula ofereceu a Quércia o lugar de vice em sua chapa de candidato a presidente". No mesmo dia, um outro *blog* da redação, o *Blog do Sérgio Dávila*[20], referenciado como "Cinema", destacava uma entrevista feita por ele com uma seqüestradora iraniana.

Do ponto de vista do uso editorial dos recursos da linguagem hipermidiática, notam-se diferenças sutis entre ambos. Enquanto o *Blog do Tas* investe mais na perspectiva mutimidiática, disponibilizando informações escritas, sonoras, fotográficas e videográficas, além de oferecer ao internauta a possibilidade de assinar um *videopodcast*[21], o *Blog do Sérgio Dávila* opta por destacar informações escritas acompanhadas de fotografias, embora também disponibilize informações em formato *podcast*.

Os dois *blogs* mencionados imprimem perspectiva pessoal às notícias que veiculam. O *Blog do Tas* diferencia-se pelos comentários irreverentes de seu autor, em linguagem mais televisiva, enquanto o *Blog do Sérgio Dávila*, mais próximo das reportagens escritas, traz um perfil do jornalista feito por ele mesmo, atitude comum entre os "orkuteiros". Dávila, inclusive, informa seu estado de espírito no dia

---

[19] *Blog* do jornalista Marcelo Tas (http://marcelotas.blog.uol.com.br).

[20] *Blog* do jornalista Sérgio Dávila (http://sergiodavila.blog.uol.com.br).

[21] "*Podcasting* é uma forma de publicação de programas de áudio, vídeo e/ou fotos pela internet, que permite aos utilizadores acompanhar a sua atualização" (http://pt.wikipedia.org/wiki/podcasting, acessado em 02.06.2006).

com um símbolo, atitude muito comum entre os "blogueiros". Além disso, indica livros, reportagens e *websites* jornalísticos.

Na mesma linha de "jornalismo pessoal", o *Blog do Noblat*[22] mistura notícias com informações pessoais, constituindo, com outros *blogs* jornalísticos, uma outra modalidade de informação jornalística. Trata-se de uma espécie de representação própria dos critérios de noticiabilidade, determinantes da notícia.

Em 22 de outubro de 2005, em meio à cobertura que fazia da Reunião Nacional do Partido dos Trabalhadores, que expulsou o ex-tesoureiro Delúbio Soares, Noblat comentou a expansão dos *blogs* de jornalistas e um desentendimento com a esposa. Não se trata, obviamente, da linguagem jornalística tradicional. Mesmo assim, o *Blog do Noblat* foi considerado pelo jornal argentino *El Clarin* a melhor cobertura brasileira do Mensalão[23].

> Se não tivessem surgido outros blogs sobre os bastidores do poder em Brasília, como o de Moreno, no Globo Online, e os de Fernando Rodrigues, no UOL, e do Josias de Souza, na Folha Online, eu talvez estivesse dormindo. Aliás, estou cansado porque fui ontem a Fortaleza para uma palestra e voltei hoje de lá em vôo que decolou às cinco e pouco da manhã. Estava querendo dormir esta tarde. Minha mulher quer ir ao cinema mais tarde. Mas aí teve essa história do Delúbio. E estou aqui. Moreno, Fernando e Josias têm mais juízo do que eu. Devem estar repousando – e fazem bem (NOBLAT, acessado em 22/10/2005).

---

[22] *Blog* do jornalista Ricardo Noblat (http://noblat1.estadao.com.br/noblat).

[23] Relativo a denúncias de compra de votos no Congresso Nacional, que resultou em grave crise no Partido dos Trabalhadores, fundado pelo presidente do Brasil, Luís Inácio Lula da Silva. Sobre a repercussão do *Blog do Noblat* no jornal *El Clarin*, ver a matéria "Famoso e influyente sin salir de casa" (http://www.clarin.com/diario/2005/09/26/conexiones/t-01012157.htm, acessado em 01.06.2006).

Para além do jornalismo de portal e dos veículos/produtores de comunicação de massa ambientados na internet, as notícias conformam boa parte da blogosfera, o que ressalta o aspecto híbrido dessa lógica comunicacional: se por um lado evidenciam a diversificação de processos de mediação social, adicionando novos autores e abordagens à produção da notícia, por outro privilegiam aspectos transmissivos da informação veiculada, preservando critérios de noticiabilidade oriundos dos meios de massa.

O *vlog*[24] do jornalista norte-americano Brian Williams, que mistura informação videográfica com informação escrita, é um exemplo disso. Williams é âncora da NBC e, em seu *vlog Daily Nightly* (http://dailynightly.msnbc.com), emite opiniões que não vão ao ar no telejornal que apresenta, disponibiliza matérias em processo de apuração e se coloca disponível para discutir com os internautas os rumos da edição. A atitude, obviamente, contradiz a lógica transmissiva dos meios de massa, incorporando aspectos da lógica interativa da internet aos processos de produção e circulação de notícia.

Ao lado dos *blogs* de jornalistas, diversos outros *blogs* noticiosos, produzidos por internautas, vêm conquistando audiência na internet. É o caso do noticiário em formato de *videoblog* da atriz norte-americana Amanda Congton (www.rocketboom.com)[25]. Ela apresenta o noticiário de seu quarto, em um *notebook*, tendo um mapa como cenário. Vários internautas participam de seu *vlog* como colaboradores.

A perspectiva colaborativa da informação, nitidamente ancorada na operação semiótica de representação sígnica, expande-se vertiginosamente pela internet. Algumas experiências jornalísticas inovadoras fundam-se nessa perspectiva. Essas experiências editoriais contemporâneas, denominadas jornalismo participativo, jornalismo cívico ou jornalismo de fonte

---

[24] *Vlog Map* (www.vlogmap.org, acessado em 12.05.2006) relaciona diversas produções em formato de *videoblog*.

[25] O *vlog* foi destaque no Caderno de Informática do jornal *Folha de S.Paulo* (p.2, 07.09.2005).

aberta[26], caracterizam-se por articular textos produzidos por jornalistas e por internautas ou até mesmo desprezar a participação de jornalistas nos processos de produção coletiva da notícia. Nota-se, nessas experiências, presença recorrente de textos delineados por recursos da linguagem hipermidiática e por critérios de noticiabilidade, embora a participação de jornalistas e da linguagem jornalística tradicional seja relativa.

Lançado em 1997 pelo estudante de Ciências da Computação Rob Malda, 21 anos na época, *Slashdot* (www.slashdot.org) tem sido freqüentemente apontado como um dos mais relevantes exemplos de jornalismo participativo. O formato inovador caracteriza-se principalmente pela ausência de processos centralizados de mediação social e por ser aberto a qualquer internauta que se interesse em publicar nele e/ou participar de seu fórum de discussão[27]. Esse formato tem sido recorrentemente chamado de *blog*, fórum ou comunidade virtual, o que evidencia a predominância de mediações sociais típicas da internet e a indefinição conceitual que delineia os formatos emergentes de informação na internet.

Uma das mais relevantes contribuições de *Slashdot* à comunicação contemporânea refere-se ao processo de descentralização das mediações sociais, governado eletronicamente por um *software*. As informações publicadas em *Slashdot* são avaliadas pelos usuários, mediante um sistema eletrônico que indica moderadores temporários no *website*. Os usuários registrados são escolhidos automaticamente pelo sistema para serem moderadores, cuja função é avaliar, por um período determinado, as contribuições de outros usuários em uma escala de -1 a +5. Cada moderador recebe um número finito de pontos para distribuir, e, quando esses números acabam, termina sua função como moderador

---

[26] Há diferenças conceituais sutis entre as denominações. Uma boa exposição do tema pode ser encontrada em <http://www.journalism.nyu.edu>, *website* da *New York University* que apresenta propostas jornalísticas experimentais fundadas em pesquisas realizadas pela instituição. Uma frase síntese da proposta é: "*Open Source Journalism. Or: My readers know more than I do*" (<http://www.journalism.nyu.edu/pubzone>; acesso em: 4 fev. 2005).

[27] Sobre o assunto, ver, por exemplo, JOHNSON, 2003; CRAMER, 2003; MOURA, 1999.

temporário no sistema. A substituição dos moderadores é feita pelo próprio sistema, que indica para a função os autores/textos mais pontuados no momento. Garantem-se, assim, a qualidade crescente dos textos e a conseqüente valorização de seus autores[28].

Embora não se apóie em um sistema eletrônico que aponte moderadores temporários, *The Northwestvoice* (www.northwestvoice.com) é outro exemplo instigante de jornalismo participativo. Esse *website* divulga informações produzidas por sua equipe de reportagem e também por internautas, constituindo uma comunidade virtual composta por jornalistas e por colaboradores[29]. Tal hibridismo de mediações sociais se traduz em diversificação das operações semióticas que delineiam o *website*.

Segundo informações da revista digital *Wired*[30], esse é o primeiro experimento em jornalismo participativo *on-line* do qual derivou uma edição impressa semanal. A grande novidade, porém, é que a edição impressa é previamente aprovada pelos membros da comunidade virtual que fundamenta o jornal *on-line*. Assim, a operação semiótica que conforma essa singular comunidade virtual torna-se também delineadora da edição impressa.

Desde 1995, *Salon* (www.salon.com) experimenta formas inovadoras de se fazer jornalismo na internet. Esse *website*, que possui sofisti-

---

[28] *Overmundo* (www.overmundo.com.br), criado posteriormente no Brasil, difere do *Slashdot* sob diversos aspectos, mas lida com uma dinâmica semelhante de avaliação, fundada na acumulação de "overpontos".

[29] Exemplos similares ocorrem em veículos de comunicação de massa transpostos para a internet. É o caso da comunidade virtual que se forma em torno do *The New York Times on the web* (www.nytimes.com). Eventualmente, contribuições dessa comunidade tornam-se pautas jornalísticas na versão digital do periódico. Por meio de um sofisticado *software*, a empresa rastreia os acessos dos membros dessa comunidade ao webjornal, constituindo um refinado banco de dados sobre hábitos e interesses de leitura. Assim, embora a linguagem jornalística de *NYTimes.com* espelhe o suporte impresso que lhe é referencial, observam-se alterações significativas nas mediações sociais que delineiam a versão digital do periódico.

[30] Disponível em: <http://www.wired.com/news/culture>; acesso em: 4 fev. 2005.

cado sistema de busca, igualmente mantém um sistema híbrido de informações, composto por contribuições de internautas, em forma de *posts,* fórum de debates e comunidade virtual, e por uma equipe de jornalistas, responsável pela edição do *website* e por reportagens. *Salon* tem recebido anualmente, desde 1996, diversos prêmios relativos à experiência jornalística que inaugura.

De cunho mais ativista, *The Independent Media Center* (www.indymedia.org) relaciona contribuições de internautas em oito idiomas e se ramifica em diversas organizações de ativistas da mídia, compondo uma teia descentralizada e autônoma de informações que se expande para além da internet. O IMC foi criado por ativistas da mídia independente para oferecer cobertura alternativa à mídia tradicional, por ocasião da III Renião da Organização Mundial do Comérico, em Seattle, EUA, 1999[31].

Também com o propósito de se posicionar como uma alternativa à mídia tradicional, o sul-coreano *Ohmynews* (www.ohmynews.com), criado em 2000, ganhou destaque mundial por articular menos de 50 jornalistas e quase 30 mil internautas colaboradores, que, juntos, produzem cerca de 200 notícias/dia, em perspectiva majoritariamente pessoal[32]. Mais recentemente, *Wikinews* (www.wikinews.org) vem alcançando sucesso mundial com o projeto de produção livre e gratuita de notícias em mais de 200 idiomas. Nesse projeto, as informações são produzidas e editadas pelos internautas.

Considerações finais

Os experimentos relatados associam, em graus diferenciados, aspectos complementares das operações semióticas de determinação e de representação sígnica, imprimindo perspectiva híbrida e mutante às informações jornalísticas na internet. As mediações sociais que delineiam

---

[31] Sobre o assunto, ver ANTOUN, 2001.

[32] KAHNEY, Leander, *Citizen reporters make the news*, 17 de maio de 2003, http://www.wired.com/news/culture/0,1284,58856,00.html acessado em 12 de dezembro de 2005.

esses experimentos denotam, porém, um predomínio evidente da operação semiótica de representação, através da qual se conformam novas possibilidades de produção e circulação de notícias.

Nota-se, nesses experimentos, tendência à descentralização dos processos de mediação social, mas não à eliminação desses processos. Observa-se ainda que critérios de noticiabilidade misturam-se à perspectiva pessoal da informação veiculada, confundindo recortes editorais oriundos dos meios de massa e alterando pressupostos conceituais da linguagem jornalística tradicional. Há, portanto, processos diversificados de mediação social que representam variadamente a determinação jornalística proveniente dos meios de comunicação de massa.

A periodicidade, marca do jornalismo de massa, também se altera nesses experimentos, que investem em processos variados de atualização das informações. Os sistemas de busca expandem o acesso às informações passadas, contribuindo para diversificar a noção de edição, atributo da periodicidade. Já os recursos da linguagem hipermidiática imprimem aspectos semióticos diversificados às informações veiculadas nesses experimentos noticiosos, conjugando especificidades oriundas de vários meios de comunicação de massa.

Pode-se considerar que esses experimentos noticiosos são determinados, em grande medida, pelos critérios de noticiabilidade oriundos dos meios de massa, mas representam o "olhar" hipermidiático contemporâneo sobre tais critérios, observável em processos diversificados de mediação social. Sem compromisso com a lógica editorial dos meios de massa, os critérios de noticiabilidade na internet refletem a dinâmica dos posicionamentos pessoais típicos da blogosfera. A operação semiótica de representação, portanto, altera a perspectiva determinista dos critérios de noticiabilidade oriundos dos meios de massa.

A emergência na internet de formatos mais livres e dinâmicos de informação atesta a semiose do jornalismo na contemporaneidade. Por um lado, reconhece-se nesses experimentos algo do bom e velho jornalismo de massa, mas, por outro, depara-se com o inusitado, que se expressa através da diversidade de formatos e de propostas editoriais.

Estas, freqüentemente, se mostram interessadas na participação crescente dos internautas na produção coletiva das notícias. Trata-se, portanto, de um novo signo jornalístico, fundado na diversificação dos processos de mediação social. Esse novo signo jornalístico, um prolongamento semiósico do jornalismo de massa, representa, em perspectivas múltiplas, a determinação conceitual oriunda do jornalismo de massa. É jornalismo e não é.

Referências

ANTOUN, Henrique. Jornalismo e Ativismo na Hipermídia: em que se pode reconhecer a nova mídia. *In: Revista FAMECOS – Mídia, Cultura e Tecnologia.* Porto Alegre: Edipucrs, nº 16, 2001.

BARBERO, Martins Jésus. *Dos meios às mediações – comunicação, cultura, hegemonia*. Trad.: Ronado Polito e Sérgio Alcides. Rio de Janeiro: Editora UFRJ, 2001.

BERGMAN, Mats. Reflections on the role of the communicative sign in semeiotic. *In: Transactions of gthe Charles S. Peirce Society: A Quartely Journal in American Philosophy XXXVI*, n. 3, p. 225-254, 2000 (disponível em www.helsink.fi/science/commens/papers/refrole.html, acessado em 10.12.2003).

CANAVILHAS, João. *O domínio da informação-espectáculo na televisão,* 2001. Disponível em <http://www.bocc.ubi.pt> Acesso em 12 abril de 2006.

CHERRY, Colin. The comunication explosion. *In:* FOSTER, Mary lecron; BRANDES, Stanley H. (eds). *Symbols as sense.* New York: Academic Press, 1980.

CRAMER, Florian. *The computer geek fórum slashdot.org could give you an idea of the future of online journalism.* Disponível em: <http://www.fu-berlin.de/cgi-bin/htdig/showne.cgi?url>. Acesso em: 15 out. 2003.

DEBRAY, Régis. História de quatro "M". *In:* MARTINS, Francisco Menezes; SILVA, Juremir Machado (Orgs.). *Para navegar no sé-*

culo 21 – tecnologias do imaginário e cibercultura. Porto Alegre: EDPUCRS e Editora Sulina, 2003, p. 137-160.

FIDALGO, António. *Sintaxe e semântica das notícias online: para um jornalismo assente em base de dados,* 2004, disponível http://www.bocc.ubi.pt/pag/fidalgo-jornalismo-base-dados.pdf, acessado em 15 de dezembro de 2004.

______________. *O consumo da informação: interesse e curiosidade,* 1996, disponível em http://www.bocc.ubi.pt/pag/fidalgo-antonio-interesse-curiosidade-informacao.pdf, acessado em 15 de dezembro de 2004.

HENN, Ronaldo. *Pauta e notícia.* Canoas: Editora Ulbras, 1996.

JOHANSEN, Jorgen Dines. *Dialogic semiosis: an essay on signs and meaning.* Bloomington & Indianopolis: Indiana University Press, 1993.

JOHNSON, Steven. *Emergência – a dinâmica de rede em formigas, cérebros, cidades e softwares.* Trad.: Maria Carmelita Pádua Dias. Rio de Janeiro: Jorge Zahar Editor, 2003.

KENT, Beverley. *Charles S. Peirce – logic and the classification of sciences.* Kingston and Montreal: McGill-Queen's University Press.

LEVY, Pierre. *Cibercultura.* Trad.: Carlos Irineu da Costa. Rio de Janeiro: Editora 34, 1999.

MARCONDES FILHO, Ciro. *Comunicação e jornalismo* – a saga dos cães perdidos. São Paulo: Hacker Editores, 2000.

MOTTA, Luiz Gonzaga. Teoria da notícia – as relações entre o real e o simbólico. *In:* MOULLIARD, Maurice; PORTO, Sérgio Dayrell (Orgs.). *O jornal – da forma ao sentido.* Trad.: Sérgio Grossi Porto. Brasília: Paralelo 15, 1997.

MOURA, Catarina. *O jornalismo na era Slashdot.* Disponível em: <http://www.bocc.pt/moura>, 1999. Acesso em: 10 nov. 2003.

JOHNSON, Stevens. *Emergência: a dinâmica de rede em formigas, cérebros, cidades e softwares.* Trad.: Maria Carmelita Pádua Dias. Rio de Janeiro: Jorge Zahar Editor, 2003.

PALACIOS, Marcos. *Fazendo jornalismo em redes híbridas: notas para discussão da internet como suporte mediático.* Disponível em: <http://www.fca.pucminas.br/jornalismocultural>. Acesso em: 20 dez. 2003.

PARMENTIER, Richard J. Sign's place in media res: Peirce's concept of semiotic mediation. *In:* MERTZ, Elizabeth; PARMENTIER, Richard J. (Eds.). *Semiotic mediation.* Orlando: Academic Press, 1985.

PENA, Felipe. *Teorias do jornalismo.* São Paulo: Contexto, 2005.

PRIMO, Alex. *Quão interativo é o hipertexto? Da interface potencial à escrita coletiva* (www.ufrgs.Br/limc/PDFs/primo, acessado em 21.10.2005).

SANTAELLA, Lúcia. *A assinatura das coisas – Peirce e a literatura.* São Paulo: Imago, 1992.

SANTAELLA, Lúcia; NÖTH, Winfried. *Semiótica e comunicação.* São Paulo: Hacker Editores, 2004.

SILVA, Luis Martins. Imprensa, discurso e interatividade. *In:* MOULLIARD, Maurice; PORTO, Sérgio Dayrell (Orgs.). *O jornal* – da forma ao sentido. Trad.: Sérgio Grossi Porto. Brasília: Paralelo 15, 1997.

SODRÉ, Muniz. *Antropológica do espelho – uma teoria da comunicação linear e em rede.* Petrópolis: Vozes, 2003.

SOUSA, Jorge Pedro. *As notícias e seus efeitos.* Coimbra: Minerva Coimbra, 2000.

WOLTON, Dominique. *E depois da internet*? Algés: Difel 82, 2001.

4.3. Gente que Faz do Mundo Acadêmico um Prazer de Viver

Maria Lucia Santaella Braga[1]

Geane de Carvalho Alzamora era quase uma menina quando começou a freqüentar o Programa de Pós-graduação em Comunicação e Semiótica para a realização de seu Mestrado, há pouco mais de dez anos. Uma aparência juvenil que ela provavelmente levará muito tempo para perder. À sua compleição miúda se junta a agilidade corporal em perfeita sincronia com a sua agilidade mental e verbal. Estes devem ser seus principais traços: estado de alerta, prontidão de respostas, flexibilidade de pensamento e um enorme talento para as coisas do intelecto, numa mistura perfeita da habilidade para absorver e manipular conceitos com a curiosidade inteligente voltada para a realidade empírica.

Não é de se estranhar que sua formação de pesquisadora tenha seguido por trilhos ideais. Aluna brilhante, orientanda com idéias próprias, aliadas ao respeito pela voz do outro, seu Mestrado, ambicioso, corajoso e original sobre "A crítica de artes plásticas na imprensa", já despontava com a promessa de que seu crescimento intelectual iria ainda mais longe. A ambição do Mestrado, que ela soube honrar com galhar-

---

[1] Professora titular da PUC-SP, onde se doutorou em Teoria Literária (1973), e livre-docente em Ciências da Comunicação na ECA-USP (1993). É pesquisadora do Cimid – Centro de Investigação em Mídias Digitais – da PUC-SP. Foi pesquisadora convidada na Universidade de Indiana (USA), nas Universidades Livre de Berlim e de Kassel (Alemanha). Publicou mais de 20 livros, entre os quais *Matrizes de Linguagem e Pensamento* (Prêmio Jabuti 2002) e *Cultura e Artes do Pós-Humano* (Paulus, 2003).

dia, estava na busca de compreensão da complexa filosofia estética de Peirce. Longe de enquadrar-se nas tradicionais concepções da estética como teoria do belo, Peirce propôs a estética como o ideal supremo da vida humana que se consubstancia na busca de corporificação da razão criativa no mundo. A coragem desse Mestrado veio da obstinação para colocar uma filosofia abstrata no escopo de uma pesquisa voltada para a realidade empírica do jornal. A originalidade brotou do *insight* de que é justamente a efeitos produzidos na experiência concreta que uma filosofia pragmaticista se presta. Não podia mesmo dar em outra: sua dissertação esteve entre as finalistas, em 1997, do antigo Prêmio Intercom.

Quando reiniciou seus estudos para o Doutorado, depois de um par de anos, Geane já estava mais madura, não apenas sob o efeito da maternidade, mas também da experiência profissional docente. Sua vocação para aprender parece rebater na capacidade de transmissão. Nem sempre essas duas habilidades se juntam com harmonia. No seu caso, a união é admirável, uma atividade alimentando a outra sem desequilíbrios. O brilho no olhar, entre faceiro e seguro de si, quando fala de seus métodos e planos didáticos, denuncia o amor e o fascínio que a vida do ensino lhe desperta.

Foi esse conjunto de qualidades que a habilitou para uma bolsa-sanduíche na Alemanha, como participante do projeto Probral, voltado para um estudo comparativo entre palavra e imagem nas mídias alemãs e brasileiras, projeto este coordenado por Winfried Nöth e Lucia Santaella. O estágio na Europa ampliou seus horizontes. Sem perder tempo com a ambientação em um país estrangeiro, que fala uma língua que atrapalha os brasileiros, rapidamente colheu informações sobre grupos que desenvolviam pesquisas teóricas próximas das suas preocupações: a extração de conceitos comunicacionais dos interiores da semiótica peirceana. Disso ela nunca abriu mão e encontrou no grupo de jovens semioticistas de Helsinki seus parceiros no desenvolvimento de uma teoria semiótica da comunicação, tendo por base a semiótica de C. S. Peirce.

O jornalismo, trabalhado tanto no Mestrado quanto no Doutorado, é decididamente a menina dos seus olhos. Antes mesmo que a explosão da internet tivesse emergido com todo o seu vulto no contexto brasileiro, as preocupações de Geane já estavam voltadas para as transformações iminentes que o universo digital traria não apenas para o fazer jornalístico, como para a instituição jornalística como um todo. Ela percebeu muito rapidamente que aí estava emergindo uma mudança paradigmática de conseqüências irreversíveis.

Seu espírito muito pouco individualista, que, aliás, deveria ser regra para qualquer pesquisador, repercutiu em seu modo de atuar. Conseguiu fazer convergir para o seu grupo de discussão na rede, boas mentes de brasileiros que compartilhavam suas preocupações, entre eles, Marcos Palácios, da Universidade Federal da Bahia, que é, sem dúvida, um dos pioneiros no Brasil a desenvolver a reflexão sobre as mudanças significativas que se anunciavam no campo do jornalismo sob efeito da revolução digital.

Fiel às suas escolhas — ou foram as escolhas que lhe permaneceram fiéis, algo que nunca se pode decidir, quando permanecemos firmes na perseguição dos nossos ideais –, Geane tomou a dianteira na pesquisa comparativa entre o jornalismo impresso e o jornalismo hipermidiático, enfrentando sem temores o choque entre a tradição que luta por se conservar e as mudanças emergentes que irrompem sem pedir licença. Tudo isso sustentado na paciência exigida pelo tratamento dos conceitos, no teste cuidadoso das hipóteses e na minúcia amorosa dos passos metodológicos certeiros. Como se não bastasse, Geane tem um domínio impecável do discurso escrito na coerência, coesão e capacidade argumentativa que exibe. A competição entre sua escrita e sua argumentação oral é indecidível. A sua foi uma das defesas mais impressionantemente bem articuladas e brilhantes a que já assisti na minha longa e densa carreira de mais de 300 bancas examinadoras.

É muito lindo testemunhar o desenvolvimento de pesquisas em que o ímpeto arrojado da juventude se alia ao rigor escrupuloso da ética do intelecto. Não é senão essa alquimia que habita o coração da tese de Geane, uma tese hoje honrada com o reconhecimento público que o prêmio Freitas Nobre lhe dá.

Devo confessar que minha participação como orientadora foi a de acompanhante e sinalizadora de caminhos. Cada vez mais pratico a orientação de Doutorado como uma prática para a descoberta dos prazeres secretos da liberdade e da responsabilidade, livrando tanto a mim mesma quanto os meus orientandos da nefasta mania brasileira do paternalismo ou maternalismo, que não passa de uma forma disfarçada de arrogância. Não acredito em outra maneira de ensinar a não ser aquela que se transmite pelo exemplo. Só podemos transmitir uma paixão irrefreável pelo conhecimento e não o conhecimento em si, pois este é uma conquista de cada um.

Que esse trabalho tenha recebido um prêmio vem intensificar a minha convicção de que a qualidade é algo que se impõe por si mesmo, pois a inteligência atrai a inteligência. Este é certamente o caso desta tese e daqueles que a julgaram.

Kassel, fevereiro-2007

Apêndice

Intercom, Ano 30

Perfil

A Sociedade Brasileira de Estudos Interdisciplinares da Comunicação é uma associação científica, interdisciplinar, sem fins lucrativos, destinada a congregar professores, pesquisadores e profissionais, bem como a prestar serviços à comunidade.

Instituição de utilidade pública reconhecida pela Lei Municipal nº 28.135/89, foi fundada em São Paulo, a 12 de dezembro de 1977. Participa da rede nacional de sociedades científicas capitaneada pela SPBC – Sociedade Brasileira para o Progresso da Ciência. Está integrada às redes internacionais de ciências da comunicação como entidade representativa da comunidade acadêmica brasileira: Alaic – *Asociación Latinoamericana de Investigadores de la Comunicación*, IAMCR – *International Association for Media and Communication Research*, IFCA – *International Federation of Mass Communication Associations* e Lusocom – Federação Lusófona de Ciências da Comunicação.

Associados

A Intercom é constituída por mais de mil associados de todas as regiões do país ou residentes no exterior. Podem inscrever-se todos os que se dedicam a estudos avançados de comunicação, ou seja, os portadores de diplomas de graduação que permaneçam interessados pela análise científica dos fenômenos midiáticos ou dos processos comunicacionais. Para associar-se, acesse o formulário no site: www.intercom.org.br

Núcleos de Pesquisa

Cada sócio está vinculado por afinidade temática a um dos seguintes Núcleos de Pesquisa (NP):

Comunicação Audiovisual

Comunicação Educativa

Comunicação Científica

Comunicação e Culturas Urbanas

Comunicação para a Cidadania

Comunicação, Turismo e Hospitalidade

Ficção Seriada

Folkcomunicação

Fotografia: Comunicação e Cultura

Jornalismo

Políticas e Estratégias da Comunicação

Produção Editorial

Publicidade e Propaganda

Rádio e Mídia Sonora

Relações Públicas e Comunicação Organizacional

Semiótica da Comunicação

Tecnologias da Informação e da Comunicação

Teorias da Comunicação

Eventos anuais

Intercom Brasil - Congresso Brasileiro de Ciências da Comunicação - megaevento pluritemático, freqüentado por toda a comunidade científica da área.

Intercom Norte, Nordeste, Centro-Oeste, Sudeste e Sul - Congressos Regionais de Ciências da Comunicação – encontros intra-regionais de estudantes e professores.

Endecom- Fórum em Defesa da Qualidade do Ensino de Comunicação – evento destinado a integrar graduação e pós-graduação, academia e mercado.

Sinacom - Simpósio Nacional de Ciências da Comunicação – fórum destinado a avaliar as tendências do conhecimento novo produzido em todo o país.

Eventos periódicos ou avulsos

Colóquio Binacional de Ciências da Comunicação – reuniões de trabalho entre equipes brasileiras e européias: Brasil/França, Brasil/Espanha, Brasil/Portugal, Brasil/Itália, Brasil/Dinamarca, Brasil/Inglaterra - ou americanos: Brasil/México, Brasil/Canadá, Brasil/Estados Unidos, Brasil/Argentina e Brasil/Chile.

Café Intercom – sessões de debates realizadas mensalmente em São Paulo – Café Intercom/Fnac – e no Rio de Janeiro – Café Intercom/BN – enfocando temas de interesse da comunidade acadêmica da área.

Seminários Biobibliográficos – eventos realizados eventualmente em parceria com universidades ou outras instituições para analisar o pensamento e a ação de personalidades emblemáticas das ciências da comunicação.

Publicações

Intercom – Revista Brasileira de Ciências da Comunicação – o mais antigo periódico da área, circula há 30 anos, a cada semestre em formatos impresso e digital. Conceito **A** no Sistema Qualis.

Inovcom – Revista Brasileira de Inovação Científica em Comunicação – periódico digital, destinado a difundir, a cada semestre, inovações científicas produzidas na universidade e no mercado.

Iniciacom – Revista Brasileira de Iniciação Científica em Comunicação – periódico digital, destinado a difundir, a cada semestre, trabalhos relevantes produzidos pelos jovens engajados em projetos de iniciação científica nas universidades.

Revcom – Coleção de Revistas de Ciências da Comunicação – hemeroteca digital, congregando os principais periódicos científicos da área nos países de língua portuguesa.

Intercom Edições - livros, anais, coletâneas, bibliografias, monografias produzidos pelos associados, organizados em seis coleções accessíveis na "Livraria Virtual".

Intercom Notícias – semanário digital, contendo informações de interesse da comunidade acadêmica, remetido através do correio eletrônico.

Redes

Portcom – Rede de Informação em Ciências da Comunicação nos Países de Língua Portuguesa – banco de dados que registra as fontes do saber comunicacional produzido no Brasil, em Portugal e nos países de língua portuguesa da África e Oceania.

Intercom Júnior – destinada a aglutinar estudantes dos cursos de graduação engajados ou interessados em projetos de iniciação científica, pesquisa experimental ou estudos laboratoriais, no campo da comunicação.

Altercom – destinada a aglutinar os egressos dos cursos de graduação, bem como os estudantes de programas de especialização que desenvolvam projetos de pesquisa empírica no campo da comunicação.

Alcar – Rede Alfredo de Carvalho para a Preservação da Memória da Imprensa e a Construção da História da Mídia no Brasil – constituída em 2001, com a intenção de preparar as comemorações do Bicentenário da Imprensa no Brasil.

Pro-Intercom - Rede de Apoio ao Desenvolvimento Institucional da Intercom, integrada por instituições que contribuírem para o desenvolvimento da Sociedade Brasileira de Estudos Interdisciplinares da Comunicação.

Prêmios

Prêmio Luiz Beltrão – destinado a reconhecer contribuições relevantes de pesquisadores e instituições ao campo das Ciências da Comunicação.

Prêmio Vera Giangrande – destinado ao melhor trabalho inscrito por estudante de Graduação no congresso anual da associação.

Prêmio Lígia Averbuck - destinado ao melhor trabalho inscrito por estudante de Especialização no congresso anual da associação.

Prêmio Francisco Morel - destinado ao melhor trabalho inscrito por estudante de Mestrado no congresso anual da associação.

Prêmio Freitas Nobre destinado ao melhor trabalho inscrito por estudante de Doutorado no congresso anual da associação.

Prêmios Expocom – destinado aos melhores trabalhos de pesquisa experimental em comunicação realizados anualmente no âmbito das faculdades de comunicação de todo o país.

2007 – Ano Barbosa Lima Sobrinho

Programação comemorativa dos 30 anos de fundação da Sociedade Brasileira de Estudos Interdisciplinares da Comunicação

A Intercom celebra seu trigésimo aniversário, em parceria com as universidades brasileiras, homenageando Barbosa Lima Sobrinho, o precursor do estudo científico da mídia no Brasil, saudando outros ícones e lembrando eventos relevantes do campo comunicacional:

Adelmo Genro, Antonio Callado, Alberto Cavalcanti, Antonio Soares Amora, Auricélio Penteado, Caio Prado Junior, Candido Teobaldo, Carlos Castelo Branco, Carlos Lacerda, Carlos Rizzini, Clarencio Neotti, Costa Brandão, Danton Jobim, Edison Rontani, Freitas Nobre, Gaudêncio Torquato, Gilberto Freyre, Humberto Mauro, Joaquim Serra, José de Alencar, José Saramago, José Veríssimo, João Carrascoza, João Carriço, Leon Hirszman, Luiz Beltrão, Hipólito da Costa, Magalhães Junior, Orígenes Lessa,

Paulo Francis, Paulo Freire, Rubem Braga, Samuel Wainer, Theo Brandão, Victor Civita, Viegas de Menezes, Vladimir Herzog, Walter Clark, Wilbur Schramm, Wilson Martins, etc.

Direção, 2005-2008

Diretoria executiva

Presidente – José Marques de Melo (Universidade de São Paulo e Universidade Metodista de São Paulo – SP)

Vice-Presidente – Adolpho Querioz (Universidades Metodista de Piracicaba e de São Paulo -SP)

Diretor Administrativo – Luiz Alberto Faria (Universidade Cruzeiro do Sul e Faculdade Cásper Líbero – SP)

Diretora Científica – Ada F. M. Dencker (Universidade Anhembi Morumbi – SP)

Diretora Cultural – Raquel Paiva (Universidade Federal do Rio de Janeiro - RJ)

Diretor Editorial – José Benedito Pinho (Universidade Federal de Viçosa - MG)

Diretor Financeiro – Fernando Ferreira de Almeida (Universidade Metodista de Piracicaba – SP)

Diretora de Documentação – Sueli M. Ferreira (Universidade de São Paulo – SP)

Diretor de Projetos – Paulo Rogério Tarsitano (Universidade Metodista de S. Paulo – SP)

Diretora de Relações Internacionais – Sonia Virginia Moreira (Universidade Estadual do Rio de Janeiro - RJ)

Sede

Intercom - Sociedade Brasileira de Estudos Interdisciplinares da Comunicação

Av. Prof. Lúcio Martins Rodrigues, 443 - Travessa 4 - Bloco 9 - sala 2

Cidade Universitária 05508-900 - São Paulo - SP - Brasil

Telefone/fax: (0xx11) 3091-4088

Web: http://www.intercom.org.br

E-mail: intercom@usp.br

Comitês julgadores que atribuíram os prêmios 2006

Prêmio Vera Giangrande

Ivone Lourdes de Oliveira (PUC Minas), Samantha Viana Castelo Branco R. Carvalho (Facid/Ceut/ICF), Rossana Viana Gaia (Cefet - AL)

Prêmio Ligia Averbuch

Eron Brum (Uniderp - MS), Osvaldo Meira Trigueiro (UFPB), Rosa Maria Cardoso Dalla Costa (UFPR)

Prêmio Francisco Morel

Nelia Rodrigues Del Bianco (UnB), Angela Freire Prysthon (UFPE), Giovandro Marcus Ferreira (UFBA)

Prêmio Freitas Nobre

Antonio Carlos Hohlfeldt (PUCRS), Ivana Bentes Oliveira (UFRJ), Margarida Maria Krohling Kunsch (USP)

CARACTERÍSTICAS DESTE LIVRO:

Formato: 14 x 21 cm

Mancha: 10,5 x 17 cm

Tipologia: Times New Roman 10,5/13,5

Papel: ofsete 75g/m^2 (miolo)

Cartão Supremo 250g/m^2 (capa)

Impressão: Sermograf

1ª edição: 2007